運に振りまわされず最善を選び、行動する方法

勝率9割の選択

プロギャンブラーのぶき

総合法令出版

「バンザーーイ!!」

カジノを出るとき、思わず体からあらんかぎりの声があふれ出てきた。
カジノで勝ち続けて12日目、あまりに勝ちすぎたため、
そのカジノから追い出されたのだ。

「追い出されること」は、
カジノがプロのギャンブラーだと、認めたことを意味する。
人生を賭けて、2年間死に物狂いでプロギャンブラーを目指し、走り続けてきた。
その夢が、とうとう叶った瞬間だった。
それから15年以上82カ国を旅しながら、世界のカジノで勝ち続けている。

25才のとき、僕の人生を変えるできごとが3つ起きた。

1つめは、彼女に浮気され別れたこと。
2つめは、起業資金の1000万円が貯まったこと。
3つめは、お金を貯めるために働いてもキリがないと、仕事を辞めたこと。

お金も時間もある。
誰にも束縛されていない。
僕は、大学の頃からそれまでに考え続けていた
100以上の起業案の前で、考え、悩んだ。

「これからの人生、何をしようか」

起業は結婚し、家庭を持ってからでもできる。
今は自由の身。
100の案から、今しかできないことをやってみようか……?

その時ふと、壁に立てかけていた洋書のタイトルが、なぜかとても気になった。

PLAYING BLACKJACK AS A BUSINESS

―　プロギャンブラー　―

もともとギャンブルはあまり好きじゃない。
でも、**「勝負に勝ち続けて生きていく」**。
とてもかっこいい生き方だと思った。
想像するとゾクゾクした。

「人生をかけて、本気でトライしてみよう！」

集中して勉強するため、僕はラスベガスに渡り、
３カ月間、ブラックジャックの専門書を２冊、洋書を４冊読んだ。
既存のテクニックを組み合わせ、試行錯誤しながら、
新しいテクニックも編み出した。

それからの８カ月間は、集中してテクニックを頭に叩き込んだ。
カジノで実際の勝負をする前に、
実戦同様にバーチャルで１０００時間以上プレイした。
本で解説されているテクニックより、数段上のものを身につけているはずだ。
楽勝のはずだった。

しかし、ダメだった……。

本で紹介されていたテクニックで勝てたのは10数年前の話。
既にルールも変わり、
ブラックジャックでプロになるのは無理だとされていた。
ゴールがあると思ったからこそ、
ギャンブル以外のことはすべて切り捨て、ここまで頑張ってこられた。
気づくと1年が経っていたが、まだスタート地点だった。

どこかに光が見えないかと、必死に、はいつくばった。
ブラックジャックのルールはカジノによって、若干異なる。
ラスベガスでは勝てないとわかった。

世界中のカジノから勝てるカジノを探し出そう。
ギブアップするまでは、もがき続け、あがき続けよう。

1年後、アメリカ南部のカジノに的を絞った。
ここで負けたら、プロギャンブラーはあきらめよう……。

勝負を始めても、勝てない日々が続いた。

10日経って、やっと負ける原因に気がついた。
勝負の基本「敵の視点から自分をとらえる」ことを忘れていた。
「これだけ勉強も経験も積んできたんだ！」と自分に酔い、過信していた。

その後は、毎日勝ち続けた。
勝ち続けて12日目に、カジノから追い出された。

僕には追いかけるべき背中、
「この人について行きさえすればいい」という人はいなかった。
プロギャンブラーなんて、そうそういるものじゃない。

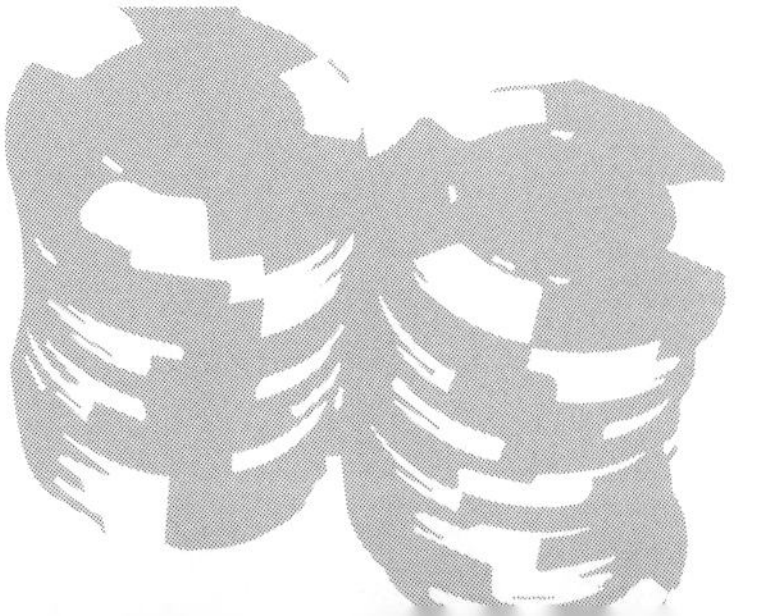

たった独りで、正解のない道を行く孤独感、
越えても越えても次々と出現するでっかい壁。
目隠しをしながら、手探りで走り続けるような日々だった。
そうやって、駆け抜けてきた2年間。

ハラリと目隠しが取れたら、胸がゴールテープを切っていた。

僕は最終的に、ギャンブルの世界で
〝神の領域〟とされる「勝率9割」をたたき出すプロギャンブラーになれた。
僕が世界でも稀有なプロギャンブラーになれたのは、「勝ち方」を習得するために、
尋常でないレベルにまで集中し、学び続けてきたからだと考えている。
しかし、僕は特別な存在ではない。
プレッシャーに負ける弱い心や、誘惑に負けるだらしない心も持った、
極々ありふれた人間だ。

そんな僕が、どうやって勝率9割のプロギャンブラーになり、
どうやって15年以上に渡り勝ち続けてきたのかを、
本書でみなさんにお話ししたい。
この、勝率9割をたたきだす考え方や方法は、
ギャンブルだけにしか使えないものではない。

勝ち続けるために必要な「決断力」「行動力」「思考力」を高め、
「メンタルコントロール」する術を身につけ、
「運」も把握する力を備えれば、
あなたのビジネスや人生は、勝率がどんどん高まっていく。

勝つための方法を、あますところなく詰め込んだ本書が、あなたのビジネスを、
人生を、好転させるキッカケになれば、これほどうれしいことはない。

プロギャンブラーのぶき

第1章

勝ち続けるための決断術

第2章

全勝をもぎとる行動力

第3章

ブレないメンタルで心理戦を支配せよ

第4章

勝つ思考回路で勝ちグセをつくれ

第5章

運にもてあそばれる人
運をマネジメントする人

第1章

勝ち続けるための決断術

Go on Your Winning Streak in Life

今のベストはなにか？

人生とは、選択の連続だ。

誰でも生きていれば「YES」か「NO」か、「右」か「左」か、選択を迫られる。

そして、何かを選ぶとは、「どちらの方が、より自分にとって良いか」という可能性を見極める作業でもある。

でも、それを選ぶ時点で、どちらが正解かなんて誰にもわからない。

誰もが「より良い選択をしたい」「失敗したくない」「間違いたくない」と思いながらもどれかを選ばなくてはならない。

そして、「こっちにしよう」と自分の選択に賭け、一歩前へ踏み出していく――。

これは、「人生」であり「ギャンブル」だ。

15年以上、プロのギャンブラーとして生きてきた中で、導き出したひとつの答え。

それは、

「今のベストはなにか？」と考え、行動し続けること。


時間が空く度に「今やるべきベストな行動はなにか？」を考え、決断し、実行する。

例えば「この1時間で何をするべきか？」と、短いスパンに区切って考え、答えを導いていく。


時間というのは、誰にでも平等に流れている。どんなに能力のある人でも、まだ右も左もわからない新人でも、1日24時間は同じ。

しかし、その使い方で人生は変わってくる。

「今のベストはなにか？」という視点を持つことで、つい、無駄に過ごしてしまいがちなマイナス時間を、プラス時間に転化していくことができる。

なにも、1年、5年といった、長期的なものの見方をする必要はない。
この1時間のベストを選択し、これを積み重ね、継続する。
これが、俯瞰して長いスパンで考えたときにも、ベストな道を歩んだことになる。

最も重要な「勝つためのステップ」

1）この本を閉じた後、**「今やるべきことのベストな選択はなにか？」**（僕の通称「今ベストは？」）と自らに問いただし行動する
2）1）ができたら、その日寝るまでの行動を選択するときに**「今ベストは？」**と自らに問いただし続けて行動する
3）2）が達成できたら、翌日丸一日の**「今ベストは？」**と自らに問いただし続けて行動する
3）までを実行でき、「ベストな一日」を過ごせた日が訪れたら、**「今日はベストな1日だった」とステキな気分で眠りにつける。**

それは人生をベストな方向へとカジ取りできた、記念すべき日だ。

人生とは、今の連続。
ベストな人生とは、今のベストな連続でしか成しえない。

メモで自分をロジカル化する

「今やるべきベストな選択はなにか？」と考え、実行することが、ベストな人生につながる。

では、その〝ベストな選択〟をどのように決定すればいいのか。

それには、メモを利用することだ。

「今のベスト」へ導いてくれる大事なパートナーが、このメモだ。

僕は常に、ペンと縦12・5センチ、横7・5センチのメモを持ち歩いている。

別に、このメモのサイズにこだわる必要はない。メモ用紙でなく携帯電話でもなんでもいい。要は**パッと、すぐにメモが取れることがポイントだ。**

メモの取り方

1）やるべきことを思いついた場合、新しいスケジュールが入った場合に、後回しにせず、すぐにメモを取る

2）良いアイデアがひらめいた場合は、特に、その場でメモを取る

（入浴中なら、お風呂から一度出てでも、その瞬間にメモを取る）

その瞬間にメモを取る理由は、後に回すと忘れてしまうことが多いためだ。

これでは、**せっかくあなたの脳が考えだした「あなたの勝因」を活かせないことになる。**

勝因を見逃すことは、敗因につながる。

あなたの脳は、あなたが考えているよりも、とても優秀で献身的だ。

現在、僕がメモを取っているのは4種類がメイン。

今日することリスト

今週したいことリスト
今月のスケジュール
死ぬまでにすることリスト（夢リスト）

カジノで勝負をしている期間は、勝負に集中しているため、やることも少ない。今週やることリスト、死ぬまでにすることリストの2枚になる。

このように、自分の置かれた環境によって、枚数は変化する。

そして、**次の行動を起こすときに、その「今日することリスト」から「今のベストは何か？」で選択肢を選んでいく。**

とはいえ、すぐには「自分のベストはなにか」と突き詰めることができないかもしれない。しかし、この意識を常に持っておけば、やりたいことや夢が見つかったとき、ビジネスを成功させたいときなど、本当に「勝ちたい」と思う局面で、人生の岐路になるシーンで、「じゃあ、そのためには今何をするのがベストなのか」と考えることができる。

そして、**その思考が自分の人生を切り開いてくれる。**

たとえば、朝「今日、やらなければならないこと」を10個書き出しておいて、時間ができたときにそのメモに目をやる。

そして、「今から3時間だったら、これがベストだな」と、そこからピックアップし実行する。

それが終われば、次に、残りの9個の中から「あと◯時間での、今のベストはなんだろう」と考え、選び、また実行していく。

ギャンブルではとくにそうだが、すべての「流れ」は、その瞬間、瞬間で変わる。残り時間も変わるし、見えないところで潮目が変わっている。

だから、先読みして順序など決めずに、その時々のベストをピックアップするだけでいい。

ベストな人生を送りたければ、ベストな今を決め続けていく。
そのための最強のパートナーが「メモ」だ。

Go on Your Winning Streak in Life

決断力の決め手「人生選択表」

人生は選択の連続だ。よく大きな2択が生じる。
仕事を続けるか、辞めるか？
この相手とお付き合いするか、しないか？
どっちを選ぶべきか判断が難しいときも多い。
自分にとって、「どちらがベストなのか、決め手に欠ける」場合もよくある。

僕は、**選択に迷ったとき、「人生選択表」をつくって決断する。**

人生選択表

1）紙の真ん中に縦線を引き、両側の最上部に迷っている選択肢を書き込む
（「Aをする・Bをする」や「Aをする・Aをしない」など）

2）各選択肢のメリットを、さまざまな視点で思いつくままに書き出す

3）各選択肢のデメリットを、逆側のメリット欄へ書き込む
（Aのデメリットは Bに書き込み、Bのデメリットは Aに書き込む）

4）メリットとデメリットが出なくなるまで続ける

5）「自己視点」のみで5点満点で点数を付ける

6）それぞれの選択肢の合計点数を計算し、総合評価する

7）6）で出たその結果に従う

これをつくると、「こんなことができるかもしれない」「いや、こんなリスクがある」というプラスとマイナスそれぞれの要素を、客観的な視点で見ることができる。

評価する基準は、あくまで「自己視点」。

人生選択表

明日帰国する	点	２カ月後に帰国する	点
帰国後韓国に行き、観光をしながら、次の勝負の勉強ができる	2	数年後でも、韓国を観光することはできる	0
遊べる(ポーカー、女性)	1	外国の方が緊張感が続きやすい	0
アメリカで勉強するよりも、リフレッシュできる	2	勉強し終えれば、すぐカジノに行ける	5
アメリカが好きじゃない	2	今、そこまで遊びたいと思っていない	1
Nの結婚式	1	人生のコマを10日くらいは進められる	5
Hの結婚式	1	今の気分なら、もう２カ月はカジノで戦える	2
おばあちゃんの誕生日(５点満点でつけたが120%の満足感があるように感じるため、ここだけ７点)	7	現地のバス定期券がムダになる￥2000	0
トータル	16	トータル	13

カジノを追い出された日に考えた「人生選択表」。
翌日と２カ月後の２枚の帰国チケットがあり、いつ帰国するのかを表を使って判断。
最終的に、翌日帰国する方がメリットと満足感が大きいと判断し、翌日帰国した。
▒は「明日帰国する」場合のデメリット。

自分の人生は、自分の視点で決めるべきだからだ。

選択は総得点の結果に従えばいい。

こうして納得して決めると、**「自分はベストの選択をした」という自信で胸を張れるようになる。**

自信があるから、何があっても迷わない。

逆に「なんとなく」「まぁ、いいか」で決めてしまうと、後になにかつらいことや嫌なことがあったときに「やっぱり、あっちの方がよかったんじゃないか……」と迷い始める。

これは、あなたの意志が弱かったり、優柔不断だったりするわけではない。**決めるまでの過程に問題がある、**ただそれだけのことだ。

明らかに「こっちの道に進んだ方がいい」とわかっているとき、人は迷わない。

しかし、そのメリットとデメリットの差が「6：4」のように、ほんのわずかの場合に、迷ってしまうのだ。

現実は、選択肢のどちらを選んだとしても、うまくいくときはうまくいくし、失敗するときは失敗する。

前に進んでいけば、その途中でどこかに必ず壁がある。そこで、壁にぶつかったときに「あぁ、反対の道に進めばよかった」という思いが頭をよぎってしまうと、**その気持ちが一番の敗因となってしまう。**

壁にぶつかったとき、別の道のことなどは考えずに「こっちでいいんだ！」と思えるかどうか。

戻って別の道を行ったり、壁へぶつかるごとに別の道を考えたりするのではなく、「じゃあ、どうやってこの壁を越えようか」と思えるかどうか。

この気持ちの強さが重要であり、「ベストな選択をした」という自信があれば、この気持ちは自然と湧いてくる。

もちろん、**死ぬ気でがんばっても、その壁を越えることができなかったときには、**

もう一度冷静に違う選択肢を考え直すというのも得策だ。

おそらく、そのときには、最初に選択をしたときから、時間も経っているし、自分の実力も現実も見えている。モチベーションも変わっているからだ。

Go on Your Winning Streak in Life

実力とは「やりたいことへの実績」

自分の**「実力」というのは、「自分がやりたいことを、いかにこなせたか」**ということだと考えている。

言い換えれば、**「自分の描いた夢を実現させた力」**だ。

誰かに強制されたものは実績ではない。

だが、やむを得ずはじめたことであっても、徐々に自ら進んで動いたことであれば、それは実力へ加算されていく。

「やりたい！」と強く思い、前向きに取り組んだことが実力の核となる。

なぜなら、本気になれるからだ。

ゲームでも野球の素振りでもいいが、朝起きてから寝るまでずっと続けられる人がいるとする。その人に「なぜ、そんなに続けられるのか」とたずねると、おそらくこう答えるだろう。

「やりたいから」
「好きだから」

同じことを1日に12時間も13時間も続けられるのは、その人が本気でやりたいことをやっているから。

そして、**やりたいと思ったことを実行できる能力には、自信を持つべきだ。**

例えば、「プロギャンブラー」とインターネットで検索すれば、僕のことばかり出てくるのだが、そんな僕へ、ネットを通して知り合った方から、こんな依頼をいただいた。

「のぶきさんなら、インターネットのギャンブルで勝てますか？　トライしていただけませんか？」

　このケースは本来の自分が望んでいる勝負ではなかったが、依頼主の人柄で引き受けたいという気持ちになった。


やるからには勝ちに行く。

すべてのベストを尽くして、本気でトライしにいく。

ベストな場所でプレイできるよう、インターネットギャンブルのためだけにロンドンへ引っ越した。24時間のすべてを勝つために費やした。

そして、ほぼ右肩上がりで勝ち続けた。

お陰で、お金が必要なら「ネットをつなげば稼げる」ことを知った。

新たなる実力を入手できたのだ。


孫子の兵法の中に「敵を知り己を知れば百戦危うからず」とある。

「己を知れば」とは、勝負に勝つための基本中の基本。

勝負においては、自分の実力を把握することがなにより重要だ。

そして、数学者が導き出したギャンブル必勝法で「ケリー基準」という大事な理論がある。「ケリー基準」とは「各勝率に対し、いくら賭けるのがベストか」を導き出した理論だ。賭け金が、勝率に対してのベストな金額より、高くても低くても、結果は悪くなることを教えてくれた。

僕は「ケリー基準」から人生の勝ち方を学んだ。
それは、
「過信も謙遜もせず、実力分の自信をもて」
ということ。
日本人の多くは謙遜しがちだ。
もっと、あなたの本気になったときの実力を信じてほしい。
本気のあなたの実力は想像を超えている。

Go on Your Winning Streak in Life

スランプなんて存在しない

自分の実力をきちんと把握することができれば、それ相応の自信が湧いてくる。

逆に**実力を過信し、思った結果が出なければ、自分はスランプ状態だと勘違いしてしまう。**

自分の実力は5なのに、「僕の実力は7ぐらいだろう」と、出た結果の平均値でとらえ、実力以上の自己評価をしがちだ。

そして、実際に5の力しか出なかったときに「こんなはずはない」「調子が悪いんだ」と、ありもしないスランプに陥ってしまう。

勝負は実力だけでは決まらない。

勝つためには、実力に加え運も必要だ。

これは、ギャンブルでも、ビジネスでも、なんにでも当てはまる。

その中でも、ギャンブルの場合は特に運の要素が強い。

だから、自分の実力そのものが出ていたとしても「スランプだ」と感じ、さらに負のスパイラルに陥ってしまう。

実際には**「実力＋運」があるから勝てている。**

それを知らなければならない。

たとえば、生涯打率2割5分のバッターがいるとする。

ある年の結果は2割ちょうどで、また、ある年は3割を打った。この場合、2割の年がスランプだったのではなく、もともとその選手の実力は2割だったということになる。

そこに、平均的に5分の運が乗っていたので、2割5分打つことができていた。さらに運が良かった年は、実力は変わっていないのに3割を打てたということになる。

スランプに陥ってしまうのは、そもそもスランプという概念を勘違いしているから。

はじめから自分の実力をシビアに把握していれば、うまくいかなかった理由が理解できる。すると、スランプに陥らなくて済む。

勝負で大切なのは、過信しないこと。

必要以上の謙遜もダメだが、過信はスランプを呼んで、負のスパイラルを生んでしまう。

だからこそ、**「実力分の自信を持つ」ことが大切だ。**

「自分は最低でもこのくらいは勝てる」という水準が3割だとしたら、ノーマルの運の量があれば5割勝てるかもしれないし、とてもラッキーなら7割勝てるかもしれない。

そこで「自分には7割の実力がある」と思ってしまうと、3割や5割になったときに「スランプだ」と思ってしまう。

しかし、いざ3割になったときに「ここが実力の底だ」ととらえることができれば、「これから、また5割になったり、7割になるときがあるだろう」「では、なにをすれば5割になるのか、7割に近づけるのか」という視点で考えられる。

そうすれば、実力をつけるために「こんな本を読んでみよう」「あんな行動を取り入れてみたらどうだろう」と向上心が生まれてくる。

勝てない原因をスランプだと思っていれば「今はアンラッキーでたまたま勝てないんだ」と思ってしまい、改善できない。

そうなると、それ以上伸びることはない。

スランプという言い訳に酔った人の成長は、そこで止まってしまうのだ。

Go on Your Winning Streak in Life

全力で駆け続けよ

「プロのギャンブラーになるためにはどうすればいいのか」

それだけを考え、

「あの本を読めば、1%前に進める」

「このケースを分析し理解すれば、2%前に進める」

と、実行する日々の繰り返しだった。

何をするにしても、**「これは、今の自分にとって本当に必要だろうか？」**と考え、必要がないと判断すれば、後ろ髪を引かれるものも選択しなかった。

何かの誘惑に乗ったとして、それで自分が後退することはないにしても、その間に**他の人は成長し、相対的に見ると自分は後退していることになる。**

遊んだり、ゆっくりする時間がくだらないというわけではない。しかし、「プロギャンブラー」にとってはマイナスな時間になってしまう。

だから、僕はいかにそういった時間を減らして、自分にプラスになることをしていくか、これに頭を使ってきた。

もちろん、突き詰めすぎていっぱい一杯になったら、いくらでも遊んだり休んだりすべきだ。遊びの時間が、前へ進む原動力になるのであれば、結果的にプラスの結果が得られるからだ。

しかし、**遊びの時間がなくても走れるのであれば、限界まで走るべきだ。**

最初から「疲れそうだから」と8割の力しか出さなければ、目標までの道の8割の場所にしか行けない。実際には、もっと力をセーブしてしまい、6割の場所にも到達できないと考えている。

時間は有限だ。

限られた時間で、遠くまで行くには、どうすればいいか。

それは、**より速く走るしかない。**

10秒間、全力で走って100m進むとき、8割の力であれば、同じ時間走ると80mしか進まない。そこに20mの差ができる。その20mの差が、人生においては大きな差となる。

だから、走れるだけ走って、倒れたら休めばいい。

全力で走ったうえで結果が思わしくなかったとしても、納得できるもの。

「ベストを尽くした」「やることはすべてやった」と思えたら、結果はどうであれ、気持ちは晴ればれとする。

ベストを尽くした人はパフォーマンスの後に笑顔がある。

しかし、ベストを尽くせなければ、たとえ結果が良くとも、どこか浮かない顔をしているものだ。

ベストを尽くさなかったことは、自分が一番わかっている。

「あのとき、遊んでしまった」など、本来やるべきこととは違うことをやっていたと、自分は知っている。

ビジネスで成功したければ、誰よりもそのビジネスを学び、時間を費やすべきだし、スポーツで一番を目指すのなら、誰よりも練習をするべきだ。

それ以外のことをやればやるほど、自分が本来目指すはずのゴールからは遠ざかってしまう。

ゴールの位置は変わってないのに、自分から遠のいてしまっている。

ただ、いきなり「自分のベストだけをやれ」と言われても、何をやっていいかわからないという人も多いだろう。

そんなときは、**まず最初のアクションとして、ベターから取り組むことをお勧めしたい。**

はじめからは、ベストが見えていない人がほとんど。

ベターが見えたら、まずはベターの方向へ動いていく。ベターへ動いている間にさらなるベターが見えてくるので、そこへ乗り移っていく。

そうやってベターを積み重ねていくことが、ベストへたどり着く手法となる。

今日やることが10個あるなら、今やることのベストはその10個の中に必ずある。

ならば、どれがベストかを見極めなければならない。

だからこそ、決める訓練が必要なのであり、そのためにメモを用いて、頭をロジカル化することが重要になるのだ。

第2章

全勝をもぎとる行動力

Go on Your Winning Streak in Life

先月の自分に勝てる自分をつくれ

勝負の世界において、**現状に満足しないで常に改善し続ける**という姿勢は非常に重要だ。

一つの勝負が終わったときに、その勝負を振り返って、なにか改善すべき点はないかを探してみる。そして、その改善点を把握したら、**同じミスを繰り返さない**よう対策を考える。

そうやって、次の勝負への準備をするのだ。

このような振り返りを、僕は一つのゲームが終わるたびにやっている。

つまり、1日の中で何回も

「次の課題は？」

「どうクリアする？」

と自問自答するのだ。


また、1週間、1カ月という単位でも、その週、月を振り返り改善点を探す。

それぞれのタイミングで、勝ち金、負け金の収支だけでなく、気づいた点などを一つずつ書き出し、**客観的に自分の勝負や結果を振り返る。**

そうすると、その過程でどこにミスがあったのかがわかり、

「もしかしたら、あれもミスだったんじゃないか」

「ここは、もう少しうまくできたはずだ」

とわかってくるようになる。


「1万円を賭けたけど、本来は2万円賭けるのがベストだったんじゃないか」

「5000円だったら、どうなっていたか」

と、異なるケースをシミュレーションし、ベストな賭け金を追求したり、

「本当に、自分は流れを読み切れていたか」

と再分析したりする。

トヨタ式の「カイゼン」が有名だが、きっちりと改善を続けて常に自分をリニューアルしていく意識は、モノづくりの現場でなくても重要なことだ。

だから、僕は**「先月の自分に、勝てる自分をつくれ」**と、自分に言い聞かせてきた。

勝負の世界はシビアなので、ひとつの勝ちパターンや、一度の勝った経験にすがっていては生き残ることができない。

時代は変わっていくし、ギャンブルでの勝ち方も絶えず変わっていくため、今まで勝てた方法だからといって、また同じやり方で、今月も勝ち続けられるとは限らない。

先月と同じ自分では、すでに通用しなくなっている可能性もある。

夏目漱石の「こころ」に「精神的に向上心のないものはバカだ」という一節があるが、まさにそのとおりだ。

また、単純に「人より強い」というだけでは無価値だ。

地元で1番でも意味を成さないのが、ビジネスの世界だ。大事なのはお金を稼げるようになるかどうかだ。

お金を稼げるようになる「マネーライン」の話を後述するが、お金を稼げて初めてプロへの道が開ける。

僕はこれまでさまざま国で勝負をしてきた。

国民の性格上なのか、各国毎に主流となるプレースタイルが異なる。それは、裏を返すと、各国毎に対応させるべき勝ち方が異なることになる。

昨日までいた国で勝ちまくっていた方法があったとしても、それは過去の話。次の国で、同じ勝ち方は通用しないのがほとんどだ。

だから、僕は新しい国に行くと、まず初日の勝負でその国のギャンブラーの性格を把握しにいく。

そして、勝負の後には、10時間以上をかけてでも熟考していく。

「この新しい国で最大限の勝ちを生むには、どう微調整すればよいのだろうか？」

「もっと勝負をかける回数を厳選すべきか、増やすべきか？」

「もっとアグレッシブに攻めるべきか、パッシブに受けていくべきか？」

真剣な気持ちで、改善点を絞り出していた。

人は一旦うまくやれる方法を見つけると、新しいチャレンジをしたり、そのやり方を変えたりすることが、なかなかできなくなる。

新しいチャレンジをすれば、失敗する可能性も高くなり、怖く感じるだろう。

常に結果が求められていれば、失敗する可能性をできるだけゼロに近づけたくなるのも当然だ。

でも、だからと言って、見つけたその方法だけにいつまでもこだわり続けていれば、やがて状況は変わり、確実に、その方法が使えない日はやってくる。

勝ちに行きたいのならば、常に向上し、変化し続けなければならないのだ。

Go on Your Winning Streak in Life

「勝ち」にこだわるな、「勝つ準備」にこだわれ

「勝負」という言葉は「勝（ち）」と「負（け）」という文字で成り立っている。これがなにを物語っているのかと言うと、**「絶対に勝てる」という勝負はない**ということ。

「勝負」というのは、勝ちと負けを繰り返すのが必然であり、だからこそ勝負たりうるもの。

ゲームに挑む以上は勝ちたいと思う気持ちがあって当然だが、そればかりにこだわっていては、前に進めない。

たとえば、ギャンブルの中には継続的に勝ち続けるのが不可能なものもある。

その不可能なものに「勝ちたい」という気持ちが先行し、結果、負け続けていては元も子もない。

そこで、**「勝つための準備をする」ことが必要になってくる。**

それはまず**「何で勝負するか」を選ぶ**ところからはじまる。

これは、ビジネスの世界でもまったく同じことが言える。

自分がやりたいと思うビジネスやいいアイデアがいくらあっても、それが時代にそぐわなければお金にならないし、日の目を見ることすら叶わない。

反対に、時代に合ったビジネスであれば、自分のやりたいことではなかったとしても、あるいは自分の実力が未熟なものであったとしても、需要があるために成功しやすい。

だから、まずは**「勝てるビジネス」かどうかを見極めることが、勝負以前に必要な準備**であり、**勝つための大前提**だ。

いろいろな人の話を聞いたり、本を読んだりといった準備をすることによっても、

勝率は上がる。

ビジネスで言えば、その分野でどれだけの人が成功し、どれだけの人が失敗しているのか。あるいは、どうしたから生き残り、どうしたから失敗したのか……。これを調べるのだ。

情報の分析によって、

「このままでうまくいくのか」

「失敗しそうなのか」

ある程度の見通しを立ててみる。

例えば、ブラックジャックのプロになると決めたとき、

「じゃあ、何をすれば勝てるのか」

「何をすれば、０・１％でもプロに近づけるのか」

を常に考え、そのための準備をした。

ブラックジャックにしてもポーカーにしても、まるで広辞苑のような分厚い専門書が何冊もあった。

しかも、洋書で、すべて英語で書いてある。読むのは至難の業だ。

しかし、ポーカーの世界には**「プロはすべての本を読んでいる」**という格言もあり、「これを読んだら、1%でもプロに近づけるかもしれない」と思い、愚直なまでにそれを続けた。

結果として、800冊も読んでいる。

正直、すべてがためになるページばかりではなかった。読み終わってはじめて「あんまり必要なかったな……」「読み飛ばしてもよかった」とわかった。

そんなとき、時間が無駄になったことはもちろん、ドッと疲労感も襲ってきた。

とはいえ、すべてを読まなければはじまらない。

僕は本で紹介されている手法をまず試した。

更に一方の本で紹介されている手法と、もう一方で紹介されている手法をミックスしてみるなど、複数の視点からより良い手法を模索した。

そして、実際に一人で仮想勝負をする「バーチャルトレーニング」に1000時間を費やしたのだ。

実際のカジノへ出る前に、徹底した準備をしてトライしたため、勝負をする前から勝てることがわかった。あとはカジノで、落ちているお金を拾うようなものだった。

これが、僕がよく言う**「扉を開ける前に勝負を決めよ」**ということだ。

逆に、そういった準備をしていなければ、勝負に自信を持てないため、負けの波に襲われたとき、気持ちがブレてしまう。負けの波は必ずくる。

「やるだけやった」という自負があれば、いざ勝負をして結果が出なくても諦めがつくもの。

だから、**「勝ちにこだわるな、勝つ準備にこだわれ」**。

つまり、**「結果よりも、まず過程にこだわれ」**ということだ。

Go on Your Winning Streak in Life

「勝負の波」を感じ、波を読む

ギャンブルで勝負の結果に一喜一憂していると、各ゲームの分析力が落ち、次の勝負へ敗因を生んでしまう。

ある意味で、**「勝つためにすべきことだけするロボット」**になりきる必要がある。

勝負で大切なのは「波を感じにいく」こと。

ギャンブルでは、**場の流れを読むことがとても重要だ。**

たしかに、読もうと思っても完全に読めるものではないが、勝負の波は必ず存在する。

たとえば、ルーレットは、赤と黒がどれくらいの割合で出るかで考えてみる。

赤は、ほぼ2回に1回出る。でも赤・黒・赤・黒と、きっちり交互に出続けるとは限らない。１００回ずっと赤が続くこともない。

ランダムに赤は来るのだ。

そのほぼ50%の波を、本気で読もうと、感じようとすること。

それが、**波を感じるということ。**

では、その波を感じるために、何をすればよいのだろうか。

それは、**波を感じられるだけの、経験を積むことだ。**


そもそも運の波とは、本を読んで学べる類のものではない。

どれだけたくさんの経験をしてきたのかで、波が読めるのかどうかが決まる。

多くの経験をすればするほど、波を感じる精度は高くなるのだ。


たとえば、ブラックジャックに関する波は、１０００時間以上におよぶバーチャルトレーニングを行い、統計を出していった。

すると、「下がるときは、どのくらいまで下がり、上がるときにはどれくらい上がるのか」が分かるようになる。

これが、波の形がわかるということだ。

波は頭で考えるのではなく、多くの経験から体が覚え、感覚的に波が読めるようになる。

つまり**準備を重ねることが、波をつかむことに繋がる。**

Go on Your Winning Streak in Life

自分の「底」を知れば怖くない

波を感じることで一番大切なのは、落ち幅がわかること。

ギャンブルというのは必ず落ちるときがくる。そして、その**落ち幅の最大値が、想定内なのか想定外なのかで、話が違ってくる。**

想定内であれば何の問題もない。

もし、想定外だった場合は、自分が考えていたこととは違う、何かが起きている。それは、自分のミスに気付いていないのかもしれないし、カジノがイカサマをやっているのかもしれない。

逆に言うと、**敗因を読み切れないうちは、勝負に入ってはいけないのだ。**

勝負前の準備で、波の落ち幅をちゃんと読み切っておけば、「あれ？　この落ち幅は絶対にないな」というときがある。それは、自分が想定していた勝負と、今やっている勝負にズレがあるということ。

そのズレを読み切ることができない限り、勝負というのは負け続けるようになっている。

ブラックジャックのプロとしての経験上、高い勝率が生じたとしても52％くらい、つまり勝負の48％は負ける。

勝ち負けというのは、一回一回のゲームで、結果が52％の方に来るか、48％の方に来るかというだけのことだ。

ただ、

「48％が来た、48％が来た、48％が来た、48％が来た、48％が来た……」

「おいおい、5回連続かよ」

ということもある。

しかし、5回負けたら、あとは95回のうち43回しか負けないという計算ができる。

落ち幅がわかっていると、こうして長いスパンで物事を見ることができる。

しかし、落ち幅がわかっていないから、少し落ちただけでブレてしまう。「スランプじゃないか」と思ったり、「何でダメなんだろう」と思ってしまう。ベストな準備ができていないと、メンタルと思考が負の連鎖に陥いる。

そこで反省したからといって、目の前の勝負に勝てるわけではない。そもそも、**「ちゃんと準備できたかな」くらいの準備では、勝ち続けていくのは無理だ。**

1回の勝負や、1日、1週間といった単位では勝てるかもしれない、1カ月勝ち続けるのは厳しいし、3カ月もつことはない。

だからこそ、**自分の「底」を感じることが大切だ。**

底がわかっていると、精神的に動揺しないのでブレずに勝負することができる。「60万円までは下がるだろう」と予測出来ていた場合、実際に70万円くらいにまで落ちてしまっても、慌てたりすることはない。

最悪の事態までにまだ10万円あるとわかっているから、

「ここから復活するのかな?」

「あと10万円負けて最悪の事態まで陥ってから、復活するのかな?」

と、余裕を持って勝負を楽しむことができる。


底を知ることで運の波をコントロールできる。

勝負を自分の手のひらの上で動かしていける。

Go on Your Winning Streak in Life

「想定外」を消せ！

勝負においては、イカサマが行われている可能性を消してはいけない。

ビジネスでも、ありえない事態におちいってしまったり、予想しなかった結果が出てきたりすることはあるだろう。

だが、それを「通常ならあり得ないことだから」と高をくくってしまっては次の不測の事態に備えられない。

どんなことにも「絶対」はない。

つまり、**「想定外」をつくってはいけないということだ。**

予想から外れることが起きたら、どうしようもないじゃないか、と思うだろう。

でも、それは本当に**「予想できないこと」**だろうか。

世の中の大半のことは、過去に必ず同じような事態が起こっている。

それを予想できないということは、これまでの事例を調べきれていなかった、ということ。

過去に事例がなかったとしても、さまざまな方向から検証し、仮説を立てるなどをしておくことはできる。

「想定外」ができること、それはつまり、「準備不足」ということだ。

僕も年に1度くらいしか見抜けないが、カジノでイカサマに出会うことがある。多くの場合、カジノに雇われているディーラーが、カジノにもプレイヤーにもバレないように、イカサマをしている。

お客様に渡すはずのカジノチップを少なく渡したり、カードを配るときに、2枚目から配りはじめる、などだ。

普通に1枚目が配られるときと、1枚目を飛ばして2枚目が配られるときでは、微妙に音が違う。

「シュッ」と「シュァッ」という本当に微妙な違いではあるが、プロの耳なら違和感を感じられる。

その日の僕は、ずっと「あれ？　なんか音が違うな……」と感じていた。バーチャルカジノで1000時間も、延々と自分でカードを配っていた時期があるため、音の微細な変化にも気づけるようになった。

「何かが違う」と思いながら、負けが続き、ようやく配り方がイカサマであることに気づいた。

下手に勝っていたら気づけなかったかもしれないが、事前に計算していた「負けた場合の最大金額」を上回ったときに、「おかしい」「なにかが起きている」と気づいたのだ。

それはつまり、これまでに膨大な量の検証を行ってきたということ。

「想定外だった」、それは仕方のないことではない、自分の準備不足を露呈させているということだ。

準備をしていれば、いざ何かが起こったときにも、リスクをミニマム化することができ、動揺も最小限に抑えることができる。

第3章

ブレないメンタルで心理戦を支配せよ

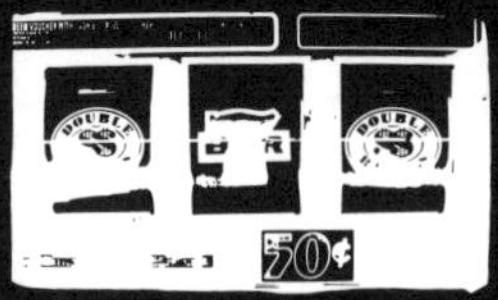

Go on Your Winning Streak in Life

ギリギリの環境に身を置け

人は、環境によってつくられる。

だからこそ、**「どんな環境に身を置いて過ごすか」**で、**理想の自分をつくりあげていける。**

ぬるま湯に浸かって楽をしていれば成長することはないし、かといって厳しすぎる環境に身を置けば、耐えきれずにつぶれてしまう。

だからこそ**「なんとか耐えられそうなギリギリの環境に身を置く」**ようにしている。

ギャンブルでもなんでも、大切なのは**「敗因を減らして、勝因を増やしていく」**こと。

たとえ勝因を増やせずとも、**敗因を一つ減らすだけでもいい。**それは勝因が一つ増えたことと同じだからだ。

僕の場合は、もっと単純に**「これは自分にとってプラスか？　それとも、マイナスか？」**と考え、マイナスと判断したら、その要素を排除する。

例えば、僕はポーカーの勉強をするために専門書を10冊持って、インドに行った。すでに他の種目のポーカーではプロになっていたが、「新たな種目のポーカーで、プロを目指そう」と考え、半年ほど絶対的に集中できる環境が必要だったからだ。

そして、「どこに行けば、集中できるだろうか」と考えたとき、知り合いもおらず、携帯電話も通じないインドを選んだ。

結局、インド入国3日目から帰国まで、高熱と下痢でフラフラになってしまった。しかし、そんな中でもひたすら勉強に集中し、新たなスキルを身につけるための修行として10冊を読み切ることにトライし続けた。

そして、1カ月後に倒れ、緊急帰国するはめになるまで、文字通り、命がけで勉強したのだ。

結果として、新たなギャンブルでもプロになることができたのは、**甘えのきかない環境に身を置き、ハングリーに集中し続けることができたからだ。**

もちろん、あなたにインド行きを勧めているわけではない。

厳しい環境設定が自分を成長させることにつながるというわかりやすい例だ。

Go on Your Winning Streak in Life

ご褒美で自分をコントロールする

がんばるのもサボるのも自分次第だ。

自分は自身のアクセルにもなればブレーキにもなり得るということ。

では、どうすればアクセルになり、どんなときにブレーキになってしまうのだろうか。

自分で自分の手綱をうまく引くためには、ご褒美をうまく使いこなすのが最善の手だ。

以前、僕は、「冬になったら、『夢リスト』にあるオーロラを見に行く」というのをモチベーションのもとにしていたことがあった。

そのときの僕は、きれいなオーロラの写真を部屋に飾ったり、旅行ガイドブック『地球の歩き方』のオーロラが載っているページを常に机に広げたりして、何かあれば目をやっていた。単純なようだが、そうやって日々自分が動くための原動力にしていた。

しかし、そのときは結局、勝ち金が目標金額に届かなかったため、オーロラを見に行くことはできなかった。

そして、結果を出せなかった自分に対して「悔しいけど、次の年には行けるようにがんばろう」と、次のモチベーションへ変換させていった。

僕がご褒美を設定する理由のひとつに、その方がより走りやすいということがある。

うまくいっていないときはもちろん、すでに集中できているときでも、**目の前にニンジンがぶら下がっていると歩みを止めず、加速できるもの。**

往々にして、人の意志というのは弱い。

自分自身で「がんばる」と決めたにもかかわらず、数分後には娯楽に興じる自分に気づき、自己嫌悪に陥った経験は、誰もが持っているだろう。

誰だって無意味な努力はしたくない。だからこそ、がんばるモチベーションを煽るものがほしいのだ。

ピッチャーがキャッチャーミット目がけて球を投げるように、スプリンターが100メートル先のゴールラインを目指して全力疾走するように、目標物があった方が人は前に突き進むことができる。

しかし、何事も常に順調に進むとは限らない。

疲れがたまってしんどくなったり、嫌になったり、辛くなるときが必ず来る。そのとき、**ご褒美を見て「よし、がんばろう！」と思えることが重要だ。**

ゴールというのは、時としてすごく遠いときがある。とくに、成功かどうかわかるのが1年後や5年後など、長期でがんばっているとき、ずっとモチベーションを保ち、ハイペースで走り続けようとするのはかなり難しい。

それならば、一日単位で考えると、ペースを落とさずに突っ走ることができる。そこで、一日がんばったらご褒美を手に入れる。

そして、その喜びと充実感で「また明日もがんばろう」と、更なるモチベーションに変え、また翌日を乗り切る。

そんなふうに、たとえゴールが遠くても、「とりあえず、今日をがんばろう」と、短く区切っていくと、走りやすくなる。

まずは、**1日のご褒美を決めることからはじめてみよう。**

ご褒美で自分を操縦し、ゴールへ向かおう。

それが**成功への近道をつくるテクニックだ。**

Go on Your Winning Streak in Life

初めてカジノを追い出された日

ギャンブルには
「これができたからプロ」

「この試験をクリアしたからプロを名乗れる」

といった基準がない。

では、どうやってプロがプロたるアイデンティティを保っているのか。


ひとつのよりどころは、**カジノから追い出されるということ。**

これは、つまりカジノ側から「お前がいたら、商売あがったりだ」と認められたということであり、「お前はプロのギャンブラーだ」と認定されたのと同じこと。

だから、プロのギャンブラーを目指していた僕にとって、カジノを追い出されることは、目標でもあった。

僕が初めてカジノを追い出されたのは、プロギャンブラーを目指してから2年が経った27歳のとき。ニューオリンズ近郊のカジノで、いつものようにブラックジャックをやっていた。すると、いきなり後ろからポンポンと肩を叩かれたのだ。

振り向くと、目の前にはそのカジノで一番偉い支配人。両脇には、いかつい黒人のセキュリティが2人立ち、キョトンとする僕を尻目に、支配人が首を横に振りながら「No more」と口を開いた。

「もう、やめてくれ」というわけだ。

通常、一人のギャンブラーに支配人とセキュリティが相対することなんてありえない。まわりのギャンブラーもざわつきはじめ、ディーラーみんながこっちをジッと見る。

僕がなんと言おうか迷っていると、支配人はさらに

「You know that?（お前、わかってるだろ？）」
と続けた。
それを聞いて、僕は
「What's the meaning?（どういうこと？）」
とはじめて言葉を返した。

腹の中では「あぁ、僕のことを追い出しに来たんだな」とわかっていたが、まずはすっとぼけるのが定石。

すると、支配人は「お前から、我がカジノを守らなければならない。もし、お前がブラックジャックを続けるなら、お前用のルールをつくったので、それでプレーしろ」と高圧的に言ってきた。

要は、僕が勝てないようなルールにするぞという脅し。

そうなれば、負けの見えている勝負になる。

支配人はさらに「ルーレットやバカラなど、ほかのゲームはいくらやってもいい。だけど、ここではブラックジャックはもう止めろ」とたたみかけてきた。

そこまで言われたら、もう止めるしかない。

支配人とはクールにやりとりをしていた僕は、セキュリティに連れられてカジノを出ていく途中で、じわじわと体の奥底から喜びがあふれ出てきた。

外に出た瞬間、言葉にならない言葉で思いっきり叫び、ガッツポーズをした。

その日、世界一のガッツポーズをした自信がある。

ギャンブルでプロを目指すという無謀な決心をして、そこから必死で勉強をはじめた。

しかし、本にあるテクニックをいくらマスターしても、いつまでも勝てない自分がいた。

真っ暗闇の中を手探りで進んでいくような時間を過ごし、やっとカジノで勝負し始めてからもなぜか勝てなかった。

そんな紆余曲折を経た自分が、やっと目指してきたゴールテープを切った。

2年という月日をかけたあの日、自分で敷いたレールを自ら走り、やっと目的地に到達できた瞬間だった。

そのとき、僕ははっきりと「生」を感じることができた。

そして同時に、何の資格もないただのギャンブラーが、

カジノ業界から「お前はプロだ」と認定された日になった。

水になれ

宮本武蔵の「五輪書」の「水の巻」の中に、こんな一節がある。

「自分の剣は水を手本としてきた。水は器に従い色形をなし、ひとしずくから大海原にもなる。心も体も自在に流れる水に習うのが肝要だ」

水は形がないので、どんな形の入れ物にも入れることができる。丸でも三角でも四角でも、容器によって自らをフィットさせていくことができるのだ。

それをギャンブルにたとえるなら、目の前の相手や勝負に合わせて、勝つために自分のプレイを常に変え続けていくということ。つまり、**柔軟になることだ。**

当然だが、いつも同じ相手やゲームとは限らないため、毎回シチュエーションは異なる。

「相手に自分の動きが読まれている」と感じたら、**自分の勝ちパターンを捨ててでも、サッと別のプレイに切り替える必要があるし、勝っていても相手の思考や性格に合わせて、常に最良のプレイに切り替えていくという柔軟性が大切だ。**

例えば、AとBという相手がいて、Aはほぼ勝てるときにしか勝負を仕掛けないガチガチのギャンブラー、逆にBは捨て身でどんどん勝負をしてくるギャンブラーだとする。

そこで、自分にかなりいい手が揃って勝負をかけたとき、Aが上乗せしてくるのと、Bが上乗せしてくるのでは意味が違ってくる。

Aは慎重な分、かなりの高確率で僕より上の手が揃っている。しかし、Bの場合は、自分より下の手である可能性が高い。

このとき、169種あるホールデムポーカーの組み合わせで、僕は3番目に強い手が揃っているとする。そこでAが僕に上乗せして賭けてきた場合、「Aは1番か2番目の手を持っている」と判断し、勝負を降りる。

逆に、それがBの場合は降りずに、さらに上乗せをする。

実際、僕は2番目に強い手が揃っていたにもかかわらず、勝負を降りたことがあった。

そのときの僕に勝つためには、1番目の手が必要なわけだから、ほぼ可能性はなく、勝ったも同然。

常識的には、それで降りるなど考えられないほどのいい手。

有名なトッププロですら「今までこの手で降りたことがない」と公言したほど、最高の手だった。

だから、僕が「降りる」と宣言し、2番目に強いカードを見せたとき、まわりのプロやセミプロも含めて「なんでその手で降りるんだ?」と騒然とした。

しかし、その直後に相手が1番いい手を見せたとき、カジノ中がどよめき、「なんでわかったんだ?」「すごい勝負だ!」という声が飛び交った。

これこそがプロの読み合いで、そのときの僕には「相手が一番いい手を持っている」という確信があった。

なぜなら、彼はカジノで働いているセミプロで、僕の実力を十分に認識していたからだ。

その彼は、プロの僕が勝負を仕掛けたのに、さらに上乗せしてきたのだ。

簡単に言うと、通常いい手でしか勝負してこないセミプロの人間が、プロの僕に勝負をかけてくることはほぼありえない。

それが、なぜか今回は起こった。

相手の視点に立って思考を読んでいくと、彼は相当にいい手を持っていることが自ずとわかる。

また、そのとき僕が持っていたのは、キングを2枚使う「ポケット・キングス」という手。

キングはトランプの中に全部で4枚ある。

そのうち2枚を僕が持っている。

そうすると、残り2枚のキングを相手が持っている可能性は、0%ではないものの、それに近い確率になる。

では3番目の手で、セミプロがリスペクトしているプロの僕へ上乗せできる可能性はどれくらいあるのだろうか？

僕の読みとしては0%という結論だった。

そう考えた結果、相手が持っているのは「一番いい手しか考えられない」と読み切ったのだ。

同じ手でも「勝てる」と思ったら勝負し、「勝てない」と思えば降りる。それが、一回一回の勝負に自分をフィットさせていくということ。

時代や流れによって、ベストは常に変わっていく。

常に対応できるように自分を固定させないことが大切だ。

よくある負けパターンは

「自分はこれで勝てていたから」

「こういうことはやったことがない」

「自分は変えられない」

と、過去のやり方にこだわって型を変えられないこと。

しかし、そんなことにこだわらず、**常に自分をリセットするつもりで挑む。**

それが、**水になるということだ。**

形を変えることができれば、目の前にどんな器が用意されても、動揺したり不安になることはない。

ただ水になればいいのだ。

Go on Your Winning Streak in Life

勝ち続ける術
「勝ちパターンを疑う」

「万物は流転する」という言葉がある。

物事というのは流れの速い遅いはあれど、常に動いている。10年後に、今とまったく一緒の物事など存在しない。

一見動いていないように見えるものも、実はゆっくりと動いているからだ。

今は止まっているように見えるものも、次の瞬間には一気に大きく流れが変わってしまう可能性も、また秘めている。

だからこそ、**流れを察知し、自らも変化していく姿勢が必要なのだ。**

長く生き残っている企業やサービスと、消えてしまった企業やサービスの違いはなにか。

僕は、**「時代の変化に適応できるスタンスを持っていたかどうか」**だと考えている。ある勝ちパターンやヒットの要因があったとして、それがいつまでも続くとは限らない。むしろ、勝ち方が見つかると、みんなこぞってそこに殺到してしまう。そうすると、ビジネスでいうところの「レッド・オーシャン」、つまり競争の激しい既存市場になってしまう。そこは、血で血を洗う戦場なのだから、当然それまでのやり方では、容易に勝つことはできない。

新たな勝機は、また違う場所に転がっているかもしれない。

そのためには、常に新しいやり方を試したり、違う視点で物事を見るということが必要なのだ。

たとえば、今まで月に20万円勝つことができていたのが、18万になり、15万になったとする。

そのときは、「最近、ちょっと運が悪いからかな」というぐらいにしか思わず、今までと同じやり方で勝負をしてしまいがちだ。

しかし、そのままでは10万、5万……、とさらに勝ち分は減ってしまう可能性がある。

15万円になった時点で、
「もしかすると、時代が変わったのかもしれない」
「今までの勝ち方は通用しないのかもしれない」
という視点を持つことができれば
「では、どうすればいいか」
と考え方をシフトすることができる。

「現在の新しい勝因はなにか？」
「今までの勝因で、現在は敗因と化している可能性のあるものはどれか？」

今までの勝因へネガティブな視点をもって、ひとつずつ疑い検証していく。

次々と**新たなる勝因を推測しては、分析していく。**

この考え尽くす作業のほうがカジノで勝負しているより、あきらかに最も要な勝負となる。

「僕はこういう人間だから、今さら変えられないよ」
「今までこの勝ち方で勝ってきたから、今はスランプでも心中覚悟で続けるよ」
という人は、たとえどんなに勝っていたとしても、**考えが固定化しているため、それ以上成長がない。**

逆に、**そんな人間はすぐに消えていく。**

しかし、なかなか追いつけないのが、年を重ねても探究心やハングリー精神を失わず、バリバリと動き続けている人だ。

経験を重ねてもスピーディーかつパワフルに動くことができるのは、世の中を常に新しい目で見ている証拠。

視点を固定化しないからこそ、やりたいことや改善点がいくつも出てくるので、**止まっている暇はないのだ。**

Go on Your Winning Streak in Life

不安をエンターテインメントに変える方法

安定に甘んじて、ハングリー精神を持ち合わせていないと、打たれ弱くなる。
安定にあぐらをかいていると、いつかその地面ごと消えてなくなってしまう。
しかし、不安定なのが当たり前だと考えれば、それを乗り越えられるメンタルができる。

僕の場合、ギャンブルをやりながら世界を周るという、ありえないほど不安定な生活を送っている。「来週、どこで何をしているかよくわからない」という状況でいつも生活をしている。

朝起きたときに「あれ、今どの国にいるんだっけ?」と考えることもあるし、街を歩きながら「今日はどこの（自分の仕事場である）カジノに行こうか？」という日々を送っている。

僕の場合は好きでこのライフスタイルを選んでいるとはいえ、実際は大勢の人と同じように安定を求めてもいる。

しかし、僕は**「安定なんて幻」**だと考える。

ギャンブルでいえば、**安定して勝ち続けるということは絶対にないのと同時に、安定して負け続けることも絶対にない。**常に、勝ち負けの繰り返しだ。

その中で、少しでも安定に近づくために勉強したり、努力したりしている。

ただ、うまくいかなかったときは、サッとリセットする姿勢も必要だ。

仕事にしても、30年後に今と同じ仕事があるかどうかなんてわからない。

一方で、プロギャンブラーが数年後には、当たり前の職業になっている可能性もあるのだ。

安定しているように見えるものも、一瞬その状態でとどまっているだけで、未来

永劫、それが保証されているとは限らない。

今安定した仕事に就いている人は
「この仕事がなくなったら、どうしよう」
「ほかで働くことなんてできるのかな」
と思って不安になる。

しかし、昔は転職などもってのほかで、一旦就職した会社で定年まで働くという時代もあったのだ。
今は転職をする人が多くなってきた。
転職が普通のことだと考えれば、就職の際の不安も減る。

生きていれば、必ず自分のいる場所や環境は変わる。
だから、そのときにスムーズに対応できるように、「コミュニケーション能力を高めておこう」「ＩＴ系のスキルを身につけておこう」と、自分に足りないものを考えて、常に自己研鑽する姿勢を持っておくことが重要だ。

そして、そういった危機意識が自分自身を高めてくれる。

しかし、「安定している」「数年後も今と変わらない」と思うと、そこで思考停止になってしまう。

当然、向上心や危機意識などを持つこともないだろう。

そして、いざ何か起こったときに「どうしよう」と慌てふためいてしまうことになる。


不安定を前提にしていれば、常に変化に対する心備えができていく。


出来事というのは、その波が大きいか小さいかの違いだ。

波がないと思い込んでしまうから、「波が来るんじゃないか」と不安になったり、波が起きたときに慌ててしまう。

僕はよく「不安になるときはないですか？」と聞かれることが多い。

毎日が不安定な状態なので、ある意味でそれが普通になっているのだ。

波に揺られているのが当たり前で、**不安定な中で生きている。**

それに対して不安になる必要性はない。

不安定を認知しているからこそ、安定を目指してがんばることができる。

僕の場合、**安定したレールの上に乗ってしまうと、退屈に感じてしまう。**

不安定な中に身を置き、その上で本気で安定を目指している。

そうやって、**最大限に努力して前を向き続けるからこそ、「生」を感じることができる。**

何か起きたとき、落ち込んだり慌てたりするのではなく、

「この不安をどう乗り越えようか！」

と不安をエンターテインメント化する。

これも、**常に自分自身のゴールに向かい続けるための施策だ。**

Go on Your Winning Streak in Life

壁を乗り越えた先の「勝ちの味」を知る

壁というのは常に自分の前に立ちはだかってくる。

しかし、「その壁を乗り越えることで、自己成長できる」と僕は確信している。

自己成長できるチャンスの到来が「壁」なのだ。

だからこそ、目の前に壁が立ちはだかっても、それを乗り越えるための努力ができるのだ。

今までで一番大きな壁は、プロギャンブラーになるときだった。

それ以前にも、さまざまなつらいことはあったが、それらはいわば、「乗り越えさせられた」壁。

外部要因によって起きた問題をクリアしただけだった。

しかし、「プロのギャンブラーになる」ことは、自分の意志によって決めたこと。

つまり、**「自分から乗り越えに行った」壁なのだ。**

プロギャンブラーになるために努力した2年間は、お世辞にも楽しいと言えるものではなかった。

しかし、「これが今の自分にとってベストな夢」だという確信はあった。

誰かに強制された試練ではなく、自分から飛び込み、選んだ試練だからこそ、大変ではあったが悲壮感は感じなかった。

ただ、当時は心身ともにギリギリだったことは間違いない。

ラスベガスに渡って一人で勉強しているとき、部屋でひたすら辞書を片手に洋書の専門書を読み込んだ。

それに加え、本に書いてあるテクニックを体で覚えていくため、実践練習を重ねる日々を過ごした。

脇目もふらず、ギャンブルの勉強以外のことは、生きるために最低限必要なことしかしなかった。

丸3カ月、誰とも会話をしないで過ごした。

この方法で本当にギャンブルを極めることができるのか、全く先が読めない。たった一人孤独な状態で、極限まで集中して勉強を続けること。これは、想像する以上に、心理的負担が大きかった。

途中、自分がひとり言をつぶやいているのに気づかず、その声を、誰かが僕に話しかけているのだと勘違いするほどだった。

今振り返っても、そのときは「気が狂う1歩前」だったように思う。

しかし、その心理的壁を乗り越えたことで、

「自分はこんな極限の状態までがんばることができる」

ということ、さらに、ギャンブルを習得するのに2年の時間を要したことで、

「少なくとも、2年は全力を尽くすことができる」

ということがわかった。

すると、次に壁が現れても、**少々の壁なら乗り越えられるという自信**と、乗り越えた先には、**言葉にできない程の喜びが得られる希望**を持って、その壁にあたることができる。

その希望が「勝ちの味」だ。

僕は、このように夢への大きな壁を、次々と乗り越えたことで**「夢はあきらめなければ叶うもの」だと実感できた。**

その道程がどんなに険しくても、どんなに高い壁がそびえていても、その先にある喜びを、身を持って知ったのだ。

山頂へたどり着いたときの、「あの満足感を得たい」「また、あの美しい風景を見たい」と思い、険しい山をわざわざ登りにいく人がいるように。

勝ちの味を知っていれば、高い壁であっても乗り越えられるものだ。

Go on Your Winning Streak in Life

リセットすることを恐れるな

人生は、それまでにどれだけのものを積み上げていても、それを捨て、白紙の状態からリスタートするべきときがある。

僕の場合、5種類のギャンブルにゼロからトライし、その5種類すべてを、確実に勝てるレベルにまで身につけた。

勝負を続けているうちに、カジノを追い出されることを経験した。
「うちのカジノでプロを追い出すのは、初めてだよ」と、言われたこともあった。
当時のブラックジャックの世界で、自分はトップにいるという自信も生まれた。
しかし、同時に「このままブラックジャックを続けても、これだけで生きていくのは無理だ」と限界を感じた。

トッププロのレベルになってわかったことは、勝てるルールを適用しているカジノは、世界に10ケ所くらいしか存在しないこと。

そして、勝負をしているうちにプロであるとわかってしまい、カジノから追い出されてしまうこと。

それは、会社員であれば、毎月支店が閉鎖になってしまうようなもの。

毎年、3カ月間くらいはカジノで勝負をして、ある程度稼ぐことができる。

しかし、「じゃあ、残りの9カ月は何をすればいいんだろう?」という大きな難問が湧いて出てきた。

「他の仕事をする?」

「やっとブラックジャックを極めたのに?」

せっかくやりたいことをやって、トップにまでたどり着くことができたのに、また新たな壁が出てきた。

「自分はこれから、どこに向かっていけばいい？」

「せっかくがんばって、ここまで来たのに……」

いきなり一歩先すら見えない人生に陥った。

それから、熟考を重ね、「せっかく、ひとつのギャンブルを極めた。それなら、他種目のギャンブルにトライしてみるのもアリじゃないか」という選択肢にたどり着いた。

「今度はポーカーで勝負をしてみよう」と決断した。

でも、ポーカーは種類が多く、まず何を専門にすればいいのか、見当がつかなかった。

僕はスキルの活きる勝負が好みだ。

だから、スキルの活きるゲームを選択した。

スキル性の高いポーカーでプロになってわかったことは、「ポーカーとは、ラッキーが占める割合が大きいゲームほど、人気の出るゲーム」ということ。

つまり、スキルの要素が大きいほど衰退していく。

なぜなら、初めてカジノに行った人でも世界チャンピオンになれる可能性がある方が、人は集まりやすいからだ。

それが、スキルばかりが試されるゲームになってしまうと、結局は玄人しか残らない。

僕自身、スキル性の高いゲームをやっていたときは、素人にはほぼ負けないと思っていたし、実際に楽勝だった。

しかし、スキルが必要なポーカーは、やはりだんだんと廃れ、人気がなくなってしまった。

ラッキー要素の高いゲームに人気が移行し続けると、将来的に今プロとして稼いでいるゲームでは、食いぶちのなくなる可能性がある。

僕は、その流れに対応していかなければならない。

また、熟考に次ぐ熟考を重ね、最終的に「セブンカード・スタッド」と「ホールデム」という2種類のポーカーでプロを目指す決心をした。

ルールもスキルもまったく異なる。

その両方でプロになった人はほぼいないというのがギャンブル界の常識。

非常に困難を極めるうえ、本当に実現可能なのかもわからない。

さらに、せっかく今まで積み重ねてきたトップレベルの技術を捨て、勝率の低いゲームを、またゼロから学び直さなければならない。


しかし、**自分がプロギャンブラーとしての道を歩んでいきたいのなら、トライあるのみ。**

そう、決めた。

今、実際にプロに到達できたからこそ、ラスベガスの連中から
「のぶきはこの世界で生き残った」

「本物のギャンブラーだ」

とリスペクトを受けることができた。

あのとき、**自分のキャリアやスキルが、リセットされることを恐れなかった結果だ。**

過去の経歴に酔っても仕方ない。

そんな「過去の人」にならず、今を生きていくこと。

そして、今を生きていくために、

「ときには恐れずリセットする英断が必要なこと」

を、覚えておいてほしい。

Go on Your Winning Streak in Life

思考には「レベル」がある

ポーカー界の常識では

「対人思考力にはレベルがある」

「プロならレベル3の視点を持て」

という格言がある。

では、各「レベル」というのは何だろうか。

まず、**「レベル1」は、自分のカードだけを見て、いいか悪いかを判断し勝負する、という段階。**

相手は関係なく、いわば自己中心的な思考で物事を判断する。

つまり、**「自分→自分」の視点。**

次に、**「レベル2」は、相手に対して「今、どんなカードを持っているか?」と探る段階。**

相手の性格や出方をうかがい、

「いつもと違う勝負をかけてきたということは、いい手なのかな」

「今までの戦い方からして、たいした手じゃなさそうだ」

など、相手ありきで判断する。

「自分→相手」の視点。

このためには前述した自分→自分のレベル1はクリアしている必要がある。

最後に、一番大切なのが**「レベル3」の視点。**

これは、**「相手→自分」の視点だ。**

つまり、目の前の相手から自分がどう見えているかを考える段階。

相手からの視点も判断材料に入れたうえで戦略を立てていく。この視点は、ビジネスの世界でも最重要になると考えている。

たとえば､相手が自分を見て「強い」と判断しているときがある。そうすると、こちらの手は関係なしに、相手は勝手に弱気になってくれる。

しかし、実際の僕の手は、とても勝負できないようなボロボロなものであることもある。

でもそこで、余裕たっぷりに「勝負する？　僕はすごくいい手だけどね」という雰囲気を醸し出すと、相手は勝手に勝負を降りてくれるのだ。

「こいつ、このままいけば降りるな」と読むことができれば、こちらは、たとえ手がなくても勝つことができる。

逆に言えば、相手に自分のことを「たいした手じゃないな」と感じさせることもある。

たとえば、たまたま自分にいい手がそろったところで、相手が上乗せして賭けてきた。そこで、すぐにこちらが上乗せすることで、賭け金を上げることもできるが、あえて少し間を取り「じゃあ、いいよ」と、タイミングをずらして勝負に乗っていく。

相手にしてみれば、「たいした手じゃないから躊躇したんだな。たぶん勝てるぞ」と感じさせ、どんどん大きく賭けさせる。

そして、フタを開けてみればこちらの圧勝となる。

こちらのコントロール次第で、相手を弱気にさせることも、油断させることもできる。

そうやって相手の読みを、コントロールすることができるのだ。

そのためには、相手が今の自分をどのように捉えているか、というのを把握していなければならない。

ビジネス視点で言えば、

「今、自分は本当に信頼されているかな」

「お客様が本当に欲しているものは何か？」

というふうに、相手が自分の存在や商品をどういうふうに捉えているかを感じることが重要だ。

レベル３の視点をビジネスに応用し、お金を稼いでいくためには、相手が求めているものよりも一歩先を行くことが必要。

相手が求めているものと同じレベルのことばかりをやっていては、ビジネスとして付加価値を生めないからだ。

だから、そのひとつ上を行くようにする。

じゃあ、ひとつ上に行くためにはどうすればいいか。

まずは、**空気を読むこと。**

そして**「今、何をするのがベストなのか？」を常に考え、行動することだ。**

そのためには、マーケティングやリサーチが必要かもしれないし、自分自身の勉強が必要になるかもしれない。

レベル３の視点を手に入れるためには、相手の思考を読み、相手の脳みその中に入っていくくらいの感覚でいる必要がある。

そうやって、常に相手視点で自分のことを捉えていくのだ。

相手から自分を見る「レベル3」の視点を手に入れることができれば、「人」・「世」・「物」の流れが掌握できるようになる。

それによって、対人関係や共同作業など他者とのかかわりが必要な物事も、水が流れるようにスムーズにコントロールできるだろう。

Go on Your Winning Streak in Life

ギャンブルでも、大切なのは「思いやり」

レベル２「相手を読む」。

ポーカーの勝負中は、相手の一挙手一投足を注視していく。

もちろん、相手のことを１００％把握するのは不可能だが、目の動きや呼吸、しぐさ、声のトーンなど、ありとあらゆる動きを見逃さないようにしている。

たとえば、ふとしたときに舌打ちしていると、「ちょっとイラついているのかな」と判断する材料になる。

しかし、相手によってはそれもわざと言っている場合もある。

それにだまされてしまっては、相手の思うつぼだ。

だから、その大きさやタイミングまで考え、その「チッ」が自然に出たものなのか、あるいは意図的にこっちに聞かせようとしたものなのかを判断する。

これらを判断できるようになるには、とにかく場数を多く踏むこと。

そして、**相手がどのレベルにいるのかを考えることも重要になる。**

ギャンブルと言うと、相手を欺き、騙し騙されを繰り返し……という殺伐とした世界を想像しがちだが、僕は自分の中のルールとして、**「思いやり」の視点を非常に重視している。**

僕の場合、人生においても「思いやりを持つ」というスタンスが主軸。

要は、**「自分がしてほしいことを相手にもし、自分がしてほしくないことは相手にもしない」**。

相手も、目の前の僕のことを一生懸命に考えるような人ばかりであれば、僕の頭の中も簡単に読まれていただろう。

しかし、大抵相手は常に自分のカードばかりを見ていて、僕の様子など微塵も伺わない。

つまり、レベル1、もしくは、せいぜいレベル2までの人たちが大多数だった。

だからこそ、僕は世界中で勝ち続けられたのだ。


カジノで勝負し、カードがランダムに配られるという条件も相手と同じ。

そこで、なぜ勝ちと負けに分かれるのかと言えば、僕が他の人よりも**「思いやりの視点」を持っているからだ。**


「相手はどんなことをしたら喜ぶのか？　悲しむのか？」

これを常に意識する。


勝負で勝つためには思いやりとは逆のこともする。

ただ、そういった真逆のことができるのも、「思いやり」の視点があるからこそ。

「相手は今、ここに打たれたら嫌なはずだ」という視点は、相手のことを考えているからこそわかるもの。

思いやりの視点を裏返しにすることで、相手の弱点を探ることができる。

ポーカーのプロとして一番自信を持っているのは、実は「思いやりの精神」なのだ。

Go on Your Winning
Streak in Life

相手の脳に入りこみ、その視点から己を見よ

レベル3「相手の視点で自分を読む」

ビジネスは、自分が売りたいものを売るのではなく、まずはお金を稼ぐもの。**何をやりたいかではなくて、何であればお金を稼げるのかだ。**

それには、相手が望むものを読み取ることができるかどうかにかかっている。

そう考えたとき、**ギャンブルも含めたすべてのビジネスで勝つためには、レベル3の視点が重要になる。**

ポーカーでは、相手の動きや心理を読むことが勝ちにつながる。これは前項目でお話しした。そして、実はプロよりも素人の心理を読む方が難しい。

プロは、自分と同じレベル3の視点を持っているため、ある意味考えていることがわかりやすい。

お互い、相手のことをプロだと認識している勝負の場合、無言の賭け合いの応酬が会話となる。

「僕が上乗せした。相手がさらに上乗せしてきた。相手はプロ。このプロは、僕をプロと認識している。そして、僕のプレースタイルも把握している。その上での上乗せであればワンペアじゃない。ツーペア以上の手だ。じゃあ、これにどう対応していくのがベストか？」

と、状況を瞬時に判断できる。

では、なぜ素人が読みにくいのか。

それは、相手の賭ける判断基準が、プロやセミプロとは違うからだ。

プロのギャンブラーになると、相手の手の強さをある程度読むことができる。しかし、素人の場合は、その手を同じように判断しているのかがわからない。

僕が「あっちはいい手を持っているな」と読むことができても、相手がその手をどう使うべきかが判断できてない場合がある。

簡単に言えば、セオリーや定石といったものが一切通用しない。

勝負に対して共通認識がなく、**価値観を共有できていないということ。**

このミスは、セミプロレベルまでの人によくありがちだ。**これは、相手が自分と同じ視点を持っていると思い込み、読み違えてしまうのだ。**

実際、素人はそこまで深く考えてない場合も多いので、そのズレは直接的な敗因となってしまう。


ビジネスで言うと、レベル1は自社の商品やサービスについて「すごいでしょう」「こんなことができます」と、自分ありきで売り込む営業マン。

これでは、まったくの見当違いが起こりがちで、とても生き残っていけない。

レベル2は、ライバル会社や競合商品のことを考え、「A社の商品と比較してうちの場合は……」「他の会社とはここが違います」と動くことができる営業マン。

そして、お客様がこの商品をほしいと思うか、その価格が適正だと思うか、という視点を持った営業マン、それがレベル3のビジネスマンだ。


「この商品は最高です」

「これだけ苦労して開発しました」

と言っても、お客様にとって価値がなければ、何の意味もない。

自分がどんなに「いい！」と言ったところで、相手が財布のひもを緩めなければ、それは商売として成り立たない。


極端なことをいえば、自分の商品を自分が気に入っていなくてもいい。

気に入ってくれるお客様に買ってもらえることができれば、それはビジネスになる。

自分が「いい！」と思っていても、売れずに赤字であれば、それは**ビジネスとして負けだ。**

人間関係の術「鏡になれ」

レベル３「相手視点から自分をとらえる」は人間関係にも有効だ。

前述したように、相手の心を読もうという気がなければ、いつまでもレベル１の状態のままだ。

これは、ギャンブルもビジネスも人間関係も一緒。

相手の視点を読み、相手の視点から自分をとらえていく。

これができるようになれば、場合によって、それを逆手に取って利用することもできる。

たとえば「あまり付き合いたくない人」がいた場合、相手の視点から考え、嫌がることをわざとすればいい。

「相手から、自分はどう見られているか」を考えることと、「相手は、何をしたら一番嫌がるか」を考えることは、「相手の視点に立つ」という点で同じことになる。

だから、それを踏まえたうえで**相手に送る情報や態度を変え、関係をコントロールしていくことができる。**

僕は普段あまり怒ることはないが、わざと怒っているように見せることもある。

「こっちは怒っている！」という意思表示。

なぜなら、そうしなければ人が不快に思うことがわからない相手もいるからだ。

レベル1の視点しか持っていなければ、その人は「自己中心的で相手の気持ちを考えられない人」だということ。

そういう人に対しては、「こういうことをされると、僕は嫌がる」ということをあえて伝える。

そうすると、次第にその行為は減っていく。

逆に、意思表示をしなければ同じことの繰り返しで、余計なストレスがかかってしまう。

僕は基本的にストレスフリーの環境は、自分でつくりあげるべきだと考えている。まだ許せる段階であっても「またこれをやられたら嫌だ」と思えば、先回りして怒ったふりをし、未来に生じる敗因を消しにいく。

また、相手の性格やそれまでの関係性なども考え、優しく諭すように伝えた方がいいのか、キツく言わないとわからないのかなども考慮する。

僕はよく、**「鏡になれ」**と言う。

相手に合わせて自分をつくっていくということだ。

相手が嫌な人なのであれば、自分も嫌な部分をあえてつくって演じ、あえて相手に嫌われて去ってもらう。

「いい人だな」「好きだな」と思う人に対しては、相手に呼応するよう自分のいい部分を出していく。

そうやって、相手との関係をコントロールするのだ。

第4章

勝つ思考回路で
勝ちグセをつくれ

理論と経験をバランスよく成長させよ

「理論と経験をバランスよく成長させよ」「孫子の兵法」の中の一節。

勝負にしても何にしても、理論と経験が肝要なのは言うまでもないだろう。

そこで重要になってくるのが、**バランス**だ。

しかし、「バランスをとれ」と、言うのは簡単でも、実際にやるのはかなり難しい。

まず、イメージしてほしいのは、陰と陽が入り混じった「太極図」（次ページ図）というもの。僕は、この陰と陽のバランスがベストの状態だと感じている。

経験の中にも理論の視点を持ち、理論を学んでいるときにも経験について意識しておく。

太極図

どちらかに偏り過ぎてはダメで、このバランスが自分の実力になる。

しかし、バランスをうまく保つというのは、往々にして至難の業。

僕がなぜ、ギャンブルの世界で、15年もの間、稀有な存在のプロギャンブラーとして生きることができたのか。

それは、理論と経験のバランスを、なによりも重視してきたからと言える。

能力を高めるときには、バランスが重要だ。

なぜなら、理論ばかりで、実際の経験が足らなければ、頭でっかちで柔軟性を欠いた思考になってしまう。

一方で、経験ばかりで理論がなければ、さまざまな手法を知ることもない。どうすれば効率的に成長できるかもわからない。経験することで自らすべてを学びとらなくてはならず、実力の伸びが極端に低くなるからだ。

では、ここからは、実践的で理論的なバランスの取り方を解説する。

たとえば、プロになるために、10の経験と10の理論が必要になるとする。

スタートの時点では、それぞれ0と0。

練習をし、経験が1になったら、本を読んで理論も1になるようにする。

理論が2になったら、経験も2に持っていく。

この追いかけっこをうまくやっていくのが、一番バランスのいい方法だ。

孫子の言う「バランスよく成長させよ」とは、実力の測り方へも答えを諭してくれた。

バランスよく成長させることで、ベストな実力が培われる。

つまり、**実力の測り方とは、足し算ではなくかけ算**となる。

非常に長い時間をかけて勉強し、理論だけが10になっても、経験が0であれば「10×0＝0」となる。

経験を一切していなければ、「負ける」という結果すら出すことができない。

その人の実力は、0のままだ。


逆もまた同じで、理論を一切学ばず、やみくもに勝負だけを繰り返して10点満点の経験を持っていても、ルールも勝ち方もよくわからない状態では話にならない。

たとえば、「10という時間を用いて、理論と経験を積み重ねた2人」がいるとする。

1人は、理論と経験が、それぞれ5のレベル。

もう1人は理論が8で経験が2。

「理論×経験」で計算すると、前者は5×5＝25で、後者は8×2＝16にしかならない。

合計値は同じ10でも、理論と経験をかけ算によって表すと、実は25点と16点と、9点もの差が開く。

この1点は、それで勝ちか負けかに分かれるほどの大きな差がある。

それぐらい、バランスが勝負を決める。

今の自分は、理論と経験のどちらが上回っているのか？

2つのバランスはどうなのか？

自問自答してみるといい。

そして、足りないと思った方を伸ばす努力をすることが、実力を高めることにつながるのだ。

Go on Your Winning Streak in Life

場数を踏んで勝負勘を養え

理論の部分を高めていくには、100冊の専門書は、最低でも読み込む必要がある。

しかし、知識だけでは頭でっかちになってしまうため、「ちょっと勉強しすぎたな」と思ったら、実践を増やし、**経験の部分を理論と同じレベルにまで高めていく。**

こうしてバランスを取っていくことを前項で述べた。

ただ、バランスを取ることは、実際のところなかなか難しい。

もし、「理論と経験のどちらを重んじるか？」と尋ねられたら、僕は「経験の方を重視する」と答える。

理論9で経験1よりは、理論1で経験9の方が、まだ可能性があるということだ。

なぜなら、経験を積んでいれば、それまでの過程で必ず失敗もしているからだ。失敗から学ぶことができれば、次に同じ失敗をしないように心がける。そうすれば、敗因がどんどん減っていくことになる。

敗因を少なくするということは、勝因を増やすことと同じ。実践的な力が伸びていくことになる。

しかし、実際は理論だけが突出していて、ほぼ経験をしていない人が、ギャンブルの世界には多くいる。これは、他の世界でも同じだ。

理論ばかりに偏ると、頭でっかちになる。

そういった人たちは、理論が9で経験が1。
「10×10」で100点がプロだとしたら、「9×1」で9点は、素人レベルの実力。
いくら「こんなテクニックを知っている」「それよりはこうすべき」と分析し、指示しても、**本当の勝負がどれほど厳しいかというのは、実際に戦っている者にしか**

わからない。

また、**メンタル面は、リラックスさせるより緊張感を保つことで集中力が高められる。**

「僕は、自らの意思でここに来ている」
「せっかく外国まで来てるんだから、ベストを尽くせ」
「僕は勝ちに来た。あと○万で今月分の生活費を稼げる。行け！」
と自問自答したり、鼓舞したりすることで、勝負への気持ちを駆り立てるのだ。

こういった実体験は、机上の論理とはまったく別世界の問題だ。
とはいえ、**理論ばかりの人を否定していては、それもプロの勝負師として敗因になってしまう。**

たとえ「この人は頭の中だけでものを言っている」と思っても、その理論自体は、自分にとって大きな気づきであることも少なくない。

だから、本当に自分の能力を高めたいのであれば、**他人から盗めるところは徹底的に盗む。**

僕はよく**「どんな人でも、自分より優れた部分を必ず持っている。それを貪欲に盗め」**と言っている。

また、熱く話していて自分の口から発した言葉が、「自分でも気づいていなかった自分の考え」ということもある。

だから、**「人へ積極的に話しかけ、相手の優れた部分を盗み、自ら発するものからも気づきを得る」**これがプロの姿勢だ。

そして、**得たものは鵜呑みにせず、一度ゆっくりと熟考し、よく咀嚼してから、「どれが使えるのか、使えないのか」というのを取捨選択していく。**

そういうプロセスを経て、自分の血肉にしていけばいい。

Go on Your Winning Streak in Life

理論ある直感は思考を上回る

「直感は思考を上回る」——これは、ポーカーのプロのダニエル・ネグラヌという人の雑誌の記事から学んだ言葉だ。

カナダ出身のダニエル氏は「ポーカーの申し子」とも言われるほどの存在で、もちろんポーカーの世界を知る人であれば知らない者はいない。

いわゆる**「直感」には2種類あると考えている。**

それは、**理論で裏付けができるものと、できないものだ。**

前者は直観から導かれた選択に根拠があるもの、後者は何の裏付けもない、ただの思いつきのようなもの。

これは、ダニエル氏の言葉から、さらに僕が発展させて考えたものだ。

たとえば、「なんかいい感じがする」「当たる気がする」と思って買う宝くじなどは、裏付けのない直感と言える。

もちろん、宝くじを買うことが悪いわけではなく、そういった人を否定するつもりもない。

ただ、僕からすれば「今日はいけそうな気がする」と思う日でも、「ダメだろうな」と思う日でも、宝くじが当たる確率はまったく変わらないということ。

だから、場合によっては、**思考を上回らない直感もあるし、捨てるべき直感もあるのだ。**

厄介なのは、理論付けができる直感とできない直感は、見分けがつきにくいということ。

両方とも「ビビビッ」とひらめく感覚は同じ。

だから、その直感が降りてきたときは自分でも「これに従って、利益を生むことができるのか?」という判断がつきにくい。

しかし、**「その直感に理論付けができたら、すぐに従え」と、僕は言い切る。**

たとえば、ギャンブルで勝負をかけるときは、じっくりと裏付けを考えられる時間はない。

いちいち「これがこうだから、この場合は……」と考えている時間がないのだ。

「ビビビッ」と来たら一瞬で判断しなければならない。

だから、**直感が来た後は、その短い時間に「過去にこういうことがあったから、いける」**という材料を探す。

また、自分がほとんど無意識で行ったプレイも後で振り返ってみると、ほとんどの場合は、裏付けがあったことに気づく。

「理論のある直感というのは、どうして生まれるのか?」と考えたとき、それは**「自分の中の成功体験から生まれる産物」**と言えるだろう。

成功体験が自分の中に蓄積されて、いざというときに、目の前の状況への答えをパッと出してくれる。**この直感には、必ず従うべきだ。**

理論的な裏付けのある直感を活かすことで、ギャンブルでもビジネスでも、どんな世界であってもスピーディーに物事を動かしていくことができる。

脳は24時間、あなたのためだけに働き続けてくれている。

「理論的な直感」を活かし、脳を有効活用してあげることが、脳への恩返しにもなるだろう。

Go on Your Winning Streak in Life

有名プロも賞賛した直感力

勝負中の無意識の（直感に従った）プレイが、後から振り返ってみると、過去の経験を裏付けにした直感であったことがしばしばある。

これは、前項でお伝えした。

そこで本項では、理論ある直感の実例を紹介したい。

たとえば、セブンカード・スタッドというポーカーの勝負が終わった直後に、非常に有名なプロに質問されたことがあった。

その人は、当時毎日同じテーブルで勝負をしているような顔なじみだったのだが、「なんであそこで、あんなにアグレッシブにいけたんだ?」と聞かれた。

多くの勝負では、アグレッシブに攻撃していく姿勢が重要になる。

相手の手があまり良くない場合、僕が攻撃的な姿勢で賭け続けることで相手が弱気になる。そうして相手が勝負を降りる可能性は、25%くらいになる。

弱気にゲームを続けると、相手と自分のどちらが勝つ手を持っているかの勝負となり、勝率は50%になる。

たまに勝負へ出て強気でゲームに参加すれば、50%+25%で勝率75%へ上げられる。

実はその勝負で、僕はたいした手が揃っていなかった。

相手が勝負をしてきたために、それに応じて僕はすぐに上乗せした。

それに対して相手もまた乗ってくる。僕も更に上乗せし、また相手が乗って……というプレイ内容だった。

自分も相手もいい手がそろわず、相手が勝負を降りた場合、最後に賭けた僕の勝ちになる。

それなら**「自分の方が強い」と強気の姿勢を見せていった方がいい。**

そう考えて、僕は有名プロが見ても不思議に思うほどアグレッシブに賭け続けた。

そのときの相手はプロのレベルで、ノリにノッている相手だった。

そんな勢いのある相手に対して、なぜ僕がそこまで攻撃的にいけるのか？　それを、その有名プロが疑問に思い「なんであのとき攻撃したんだ？　勝っているか勝っていないか、わからなかったじゃないか」と聞いてきた。

そこで、ぼくはこう答えた。

「敵は調子に乗りやすいタイプで、イチかバチかのギャンブラー系でした。手があってもなくても賭けまくってくる。そんな敵と対峙したときは、こちらから攻撃的に仕掛けていくべきです。敵は攻撃することに慣れてはいるものの、攻撃されることには慣れていない。

つまり、こちらが勝負をコントロールできるということです。

確かに、今回は、勝負の途中で僕が負けているのはわかっていた。

でも、相手はたいしたことのない手でも勝負してくるタイプ。それも考慮に入れたからこそ、賭け金を釣り上げました。

そして、相手の手がいまいちの場合、落としにいく。

同じシチュエーションで10回勝負したとき、一番お金を稼げるプレイをすべきで、トータルで勝つということが、僕らプロにとっては大事だと考えています」

自分の口から堰を切ったように答えが出てきたが、本当は、その勝負の最中に、こんなに細かく考えながらやっていたわけではなかった。

しかし、こうして**言葉に出てくるということは、「自分の中で、きちんと理論による裏付けができている」という証だ。**

勝負のときの直感は、ほぼ裏付けがあり、理論的に説明できなかったことはない。

Go on Your Winning Streak in Life

直感の裏付けを探す

ビジネスに直感を活用するには、やはりきちんと理論や事実を裏付けし、具体的な数値などを用いて説明するということになるだろう。

ビジネスでは「今すぐにご返答いただけるなら、御社に決めます」とスピード感が求められることもある。

そういうときも、経験に基づいた直感にしたがい、スッと決めてしまう方がいいと考えている。

僕の場合、可能であれば「お手洗いを借りてもいいですか？」と言って席を外し、その間にメリットとデメリットを書き出し、理論的な裏付けを出すようにしている。即答を求められた場合、「なんか嫌だな」というような直感を感じたら、たとえいい話であっても「ちょっと考えさせてください。話が流れた場合は仕方ないです」と、熟考する時間をつくる。

そのときに感じた**「なんか嫌」という感覚には、必ずそれなりの理由が存在する。**だから、時間をつくり、その「嫌」を分析することで理由を突き止める。

そして、「トータルで考えて、嫌な部分込みでも受ける価値があるかどうか」を判断する。

その結果、いくらお金や待遇面がよくても受けないときもあれば、ボランティア価格のような依頼でも、相手の人間性だけで引き受ける場合がある。

その場でパッと答えを出して、後から「なぜあのとき、あんなに破格の条件を断ったのか」「なぜ、分刻みのスケジュールなのに、あのボランティアを引き受けたんだ?」と考えてみると、必ず裏付けとなるものが見つかるのだ。

ひとつ注意したいのは、**自分がそれまで「勝ち越していない」分野の場合、その直感には乗るべきではない**ということ。

ビジネスでもギャンブルでも同じだが、**負けていた場合は、今までのやり方が「正しくない」からだ。**

経験の蓄積がないということは、理論的な裏付けが乏しいということ。その直感に乗るのは、リスクが大きい。

「今回こそは大丈夫」「次は勝てる」などと考えても、残念ながらまったくの無駄だ。

何の意味も裏付けもない直感は、捨てるべきものだということ。

だからこそ、**直感の取捨選択が必要になってくる**のだ。

Go on Your Winning Streak in Life

可能性は常識の外にある

僕は、いわゆる**常識が間違っているということを、ギャンブルから学んだ。**

本を読みまくり、1年半も修練した結果、「この本のとおりにしても勝てない」と気づいたのだ。

ギャンブルの世界で「常識」とされてきたことに従ってもダメだと、身をもって学んだ。

当然ながら僕は勝ちたい。

絶対に勝ちたい。

だから、勝つために身を粉にして修練し続けてきた。

同じブラックジャックでも、カジノによって少しルールが異なる。

各カジノのルールに合わせて、1000時間バーチャルカジノで練習を重ねた。

その時に、カジノの中でも、一番勝ちやすいルールのカジノルールでプレイをしたが、なぜか勝てる確証までは、たどり着かなかった。

世界トップレベルのスキルにまで高め、常識では勝てるはずの場所で、勝てるはずの方法を実践しても、勝てない。


勝てるはずなのに勝てない……。

「おかしい、おかしいな」と、どんどん追い詰められていった。あまりにも追い詰められている自分に気づき、少しだけ休むことにした。

すると、ある日ひらめいたのだ。

「ちょっと待てよ？　ひょっとしたら、あの、常識では勝てないと言われているカジノのルールにチャンスがあるんじゃないか？」

つまり、常識の外、「勝てない」と言われているところにチャンスがあるのではないかとひらめいた。

それは、**常識を疑い、勝てる可能性を探していくという逆転の発想だ。**

不可能だと言われていたカジノルールを使い、バーチャルでプレイをしてみた。

すると、バーチャルの結果は、

「32時間プレイすれば、軍資金が2倍になる」

と出た。

「よし、これで勝てる！」

実際には、思ったよりすんなりとは勝てず、試行錯誤をしたが、最終的には毎日どころか、毎時間勝ち続け、70万円までに減っていた資金が、２倍の１４０万円にまで増えた。そして、カジノを追い出された。

常識の盲点に気づくことができたのは、「絶対に、どこかに穴がある」と思い、**ず**

っとハングリーに前を向いて考え続けたからだ。

仕事として、プロギャンブラーを選んだことも含め、**世間一般で言われている「非常識な道」をあえて進むことで、扉が開き、成功を手にすることができた。**

しかし、これは何も「非常識を選択することが正解だ」と言っているわけではない。常識的な道を歩んだ方が、成功することも多いだろうし、そのほうが苦難は少ないかもしれない。

ただ、常識と言われることを試してみて、もしダメだった場合、あるいは常識の範疇で生きていて「なにか違うな」「うまくいかないな」と思ったのなら、あえて**非常識な選択をするという道も残されている**のだ。

考え方として、**「違う道もある」「この外にも世界は広がっている」と思うだけで、心に余裕ができ、思考がクリアになる。**

常識の内にいるほうが安全かもしれないが、出てくる結果も想定内のものが多いだろう。

常識の外に出るということは、その分リスクも高いだろうが、籠から出た鳥がどこまでも飛べるように、それまでとはケタ違いの結果を残せる可能性もある。

常識内で生きるのに疲れたら、常識の外に一歩踏み出してみてはどうだろう。

そして、**自分で自分の常識をつくり上げてほしい。**

ほかの誰でもない、**自分だけの人生を生きてほしい。**

Go on Your Winning Streak in Life

「マネーライン」を越え、「プロライン」を下げよ

僕の職業である「プロギャンブラー」という言葉は、あまり馴染みがないだろう。

ただし、日本にギャンブラーというのは意外と多く、パチンコだけで年間1000万人の人が興じていると言われている。

競馬や競輪などを入れると、もっと多くなるだろう。

更に、日本では「宝くじは夢を買う」と、人生の一発逆転法のように宣伝されているが、世界では「ギャンブル」と認識されている。

宝くじを購入する日本人は、年間で5000万人はいると言われているので、年に一回ギャンブルをするだけという人を入れると、日本の成人人口の約半分がギャ

ンブラーになる。

しかし、「プロギャンブラー」という言葉はあまり耳にしない。

ギャンブラーには誰でもなれるが、プロギャンブラーになるのはとてつもなく難しいことだからだ。

プロを夢見ている人も多いし、実際に努力している人も多いが、ブラックジャックプレイヤーの中でプロになれるのは、０・０００１％ぐらいだ。

これに比べると、ポーカーのプロはかなり楽で、１％ぐらいの割合でなれるはずだ。

ギャンブルにせよ何にせよ、**お金や時間を賭けていくのであれば、自分が好きな物事に賭けていくべきだ。**

好きなことの延長線上に夢を設定し、人生を勝ちにいってほしいと本気で思っている。

夢が見つかり、「将来、これで飯を食っていきたい」「これを生業にしたい」と思ったとき、2つの「ライン」が重要になる。
僕の造語だが、それは**「マネーライン」**と**「プロライン」だ。**

「マネーライン」を越えるとは、**その夢で「お金を稼げるようになった」ということ。**

ギャンブルで言えば、10日間勝負し、安定して稼げるようになれば、マネーラインを越えたと言える。

僕の場合は、バーチャルカジノでシミュレーションし、お金を稼げる水準にまで自分を高めていった。

そして、「マネーラインを越えられた」と確信を持ったとき、初めて実際にカジノへ出かけた。なにをするにも、まずはこのマネーラインを越えなくては話にならない。

「プロライン」を越えるとは、**その夢だけで必要な生活費をすべて稼ぎ出せるようになったということ。**

僕の例で言えば、ギャンブルは2年、講演やセミナーも2年、旅は14年かかっている。

では、そんなマネーラインやプロラインを越える必勝テクニックとは、なんだろうか。

それは、支出を少なくすること。

仮に貯金が100万円あったとして、生活費に月25万円使うと4カ月でなくなってしまう。しかし、月8万円で抑えれば1年間生活できる。

その期間だけで見れば、夢実現への可能性に3倍の開きがある。

しかし、実際にやってみると、3倍以上の差がある。

4カ月だけがんばるよりも、1年間がんばっている方が、応援者は増加し、人脈は増え、副業による収入増、やるべきことの明確化など、夢の実現に有利な条件がどんどん揃うようになる。

つまり、**助走の期間が長くなればなるほど高く跳べるということだ。**

その高さは、助走期間の少なくとも2乗になると考えている。

つまり、**助走期間が3倍になれば、夢が実現する可能性は9倍になる。**

だから、自分の夢にたどりつきたいのであれば、生活費を下げてプロラインを引き下げることが勝因になる。

生活費を3分の1にすることで、夢への可能性が9倍になる。

これは、まさに夢へのマジック。

あえてどん底の生活をすることで、夢に向かってハングリーになるというのも有効だ。

後にプロラインを越えてから、余ったお金で生活レベルを上げていけばいい。

反対に「これをやりたい」と夢を語っているのに贅沢な生活をしているようでは、本気で夢にトライしていないも同然だ。

夢で稼いだご褒美として、贅沢すればいい。

夢でごはんが食べられるようになったときの充実感は、人生の最高の瞬間だ。

まるで、幸せの光が降り注ぐような日々を送ることができる。

その幸せを得るために本気でマネーラインを越え、プロラインを賢く下げていく。

そうやって、自分だけの幸せをつかみにいこう。

第5章

運にもてあそばれる人
運をマネジメントする人

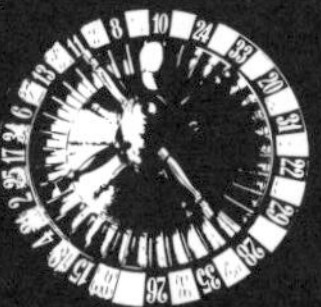

「運にもてあそばれる」のはこのタイプ

「運がよくならないかな」

そう思っている人は、**運にもてあそばれている。**

「ギャンブラーという職業」と「世界をさすらうスタイル」は、運と共存していると言い切れる。

そして、**誰よりも運に踊らされ、振り回されて生きている。**

共生していくためには、誰よりも「運」というものの実態を把握しなければならない。

この15年以上、３６５日24時間、運のことを考え続けてきた。

「運をよくする」「運に好かれる」「運を操る」、巷には、運にかんする言説があふれている。

そのすべてに一致しているのは、**「運という言葉を使って、運を正確に把握していない人を、巧みに洗脳している」**ということ。

たとえば、「運を引き寄せる」という言葉がそのひとつ。

運を引き寄せられると考えている人は、実は運に「もてあそばれている」人だ。

確かに、「運」は、その正体がつかみにくい。

だからこそ、いろいろな人が「運をつかむには……」「運とは、こういうもの」と本当にいろいろなことを言っている。

宝くじは、40か国くらいで売られていたが、「宝くじのプロ」を名乗る人は世界中どこを探してもいなかった。

アメリカの宝くじ売り場では、日本のたばこのパッケージにあるような注意書きがあり、「宝くじは、ギャンブル依存症になる怖れがあります」と警告文章が貼ってある。

宝くじは、世界中で数億人がお金を賭けているギャンブル。

どれが1等の当たり券かさえわかれば、それを1枚買えばいい。

それを世界中で続けるだけで、年収は数百億円を超える。

どれが当たりかわかる人が世界に一人でもいれば、その人の独り勝ちとなり、宝くじというシステムが消えゆくことになる。

しかし、宝くじを当て続けている人は、世界中どこを見渡してもいない。

つまり、**運が読める人なんて、世界中に一人もいないということだ。**

占いも同じだ。

雑誌などの星座占いを見ると

「蠍座のラッキーカラーは赤」

「射手座のラッキーカラーは青」

などと書いてあるが、星座というのは生まれた日付によって決まり、生まれるタイミングがたった1秒違うだけで他の星座に変わってしまう。

「そこに正しい理由があるのか？」とロジカル面から分析するのが、勝ち方だ。

この1か月間に生まれた人のラッキーカラーは赤。次の1秒後に生まれた人は青……。


そこに疑問を感じてしまう。


世界各国を周り続けて気づいたことは、**各国それぞれに、運の概念は異なっていた。**

その、**運という名の洗脳を解くには、世界の視点から捉え直してみる必要がある。**

世界各国で共通する概念が正しく、共通しない概念は正しくない可能性が高い。

世界から見れば「この1カ月間は赤、次の1秒は青。なんの根拠も論理もなく、くだらなすぎる」という感じだろう。

にもかかわらず、振り回されて「今日は赤なんだ。じゃあ、赤に履き替えなきゃ」と右往左往したりするのは、まさに運にもてあそばれている、わかりやすい構図だ。

運の「いい人」「悪い人」は存在しない

「あいつは運がいいよな」

「最近、運が悪いんだよね」

よくある会話だが、「運がいい人」「運が悪い人」というのも存在しない。

いるのは運が「よかった人」と「悪かった人」がいるだけ。

運の良し悪しというのは、あくまで結果論でしかないということだ。


ギャンブルでよく聞く**「ビギナーズラック」も存在しない。**

ビギナーが五人カジノに行けば、そのうち一人は勝つもの。

そして、ギャンブル好きのベテランが五人行っても、勝つのは一人。

勝つ確率は同じだ。

ビギナーの場合は、少しでも勝つと目立ちやすいために「ビギナーズラック」のような錯覚が生まれたと、僕は考えている。

運は勝負において絶対的に必要なものだ。

たとえば、将棋にかんしてずぶの素人の僕が、プロ棋士に勝つ方法がたった一つだけある。

それは、相手が羽生善治名人であったとしても、体調が悪かったり、来る途中で渋滞に巻き込まれたりして会場に来られなかった場合だ。

つまり、**相手にアンラッキーが続いたら、それだけで勝負は決まってしまう。**

運は、川の流れのようなもので、常に流れ動いているもの。

『方丈記』の中に「ゆく河の流れは絶えずして、しかも、もとの水にあらず」という一節があるが、運というのもまさしくこの一節と合致する。

「ゆく運の流れは絶えずして、しかも、もとの運にあらず」

これを別の言い方にすれば、寄せては返す波のイメージだ。

その波が小さいときもあれば、大きくなるときもある。

それを完全に読みきることはできないが、読もうとする姿勢もギャンブラーには重要なことだ。

僕がただのギャンブラーだったときは、頭の中にバルーンを思い浮かべ、運を把握していた。


ブラックジャックのルールは、持ち手が22以上になると「バースト」と言って、負けが決まってしまう。

そして、確率上、相手の手札が4回に1回は22を超える。

そこで、相手が超えなければバルーンがふくらむイメージをし、いつ破裂するかを必死に読みにいった。

自分の手札がいまいちでも、バルーンをふくらませ、自分のいい波と相手の悪い波は、いつかどこかで必ずクロスし、勝つタイミングが訪れると考えた。

「そろそろクロスする」と読んで、そこで一気に大金を賭けていたことがあった。

その波を読むことだけに集中して、大学の卒業旅行では一晩で32万円、その1年後には一晩で80万円勝ったこともあった。

だが一見、運を読むことに成功しているように思えるが、プロになった今では、**運はその都度リセットされる**と考えている。

よく言われることだが、サイコロの目は「6」が5回連続で出たからといって、「次は絶対に6は出ない」ということはない。

6回目も同じように、6が出る確率は等しく6分の1だ。

人生における運も同じで、その都度リセットされる。

だから、不運続きでツイていないと思っても、次に何が起こるかはわからないし、不意にいいことがあっても「こんなところで運を使ってしまった」と嘆くこともない。

運の全体量は莫大で、ほぼラッキーのまま人生を終える人も、アンラッキーでいきなり人生を終える人もいる。

過去の運に「よかった」「悪かった」と判断することはできる。

でも、**未来の運は誰にも読めない。**

これが、僕の結論だ。

僕は15年以上も世界を周り続け、世界的な視野を得ることができた。

「日本人として生まれた」ただこれだけで、世界のトップ5%に入るラッキーな人生だと感じている。

Go on Your Winning Streak in Life

運を自らマネジメントする

運の上げ下げは不可能だと前述したが、**自分で運をマネジメントする意識は必要**だ。

誰だって、毎日負けるギャンブルはやらない。

1日単位で見れば、勝つか負けるかはわからない。

しかし、**30日単位で見れば、勝つか負けるかは決まっている。**

それが、ギャンブルの現実。

ギャンブルというのは、確率と統計という手のひらの上で遊ばされている数学なのだ。

そして、ギャンブル以外でも、30日単位での勝負の結果は、決まっていることが多い。

テクニックを修練し、さらに運の波を把握していれば、負けても「そんなときもあるよ」と笑っていられる。

僕はそんなマイナスが生じると、**わざと「プッ」と笑うクセをつけ、今を楽しむのを習慣にしている。**

やるだけやってベストを尽くしても、マイナスはマイナス。

でもそれが、**勝負における運**というもの。

運をマネジメントするには、運の波を把握する必要性がある。

運の波として「縦幅」と「横幅」がある。

縦幅は、上下の動きのこと。

たとえば100万円を持ってカジノに行ったとき、どれくらいそのお金がアップダウンするかを示す。

縦幅の中でも、上のラインは、上がれば上がるほど勝っているということになる。

これは気にする必要はない。

しかし、**どれくらい落ち込むかという下のラインは、メンタルをコントロールしたり、勝負を続けるときかを判断したりする材料になる。**

ブラックジャックのプロとして僕の経験から言えば、比較的勝ちやすい某カジノのルールだと、下落率は57％。

つまり、100万円が57万円まで落ち込む可能性があるということ。

しかし、続けていればそれが200万円、400万円と永遠に増えていく。

常にアップダウンがあって、勝ったり負けたりするのがギャンブルだと思っている人も多いだろう。

しかし、それはギャンブルの主催者側にうまく洗脳されている。

1日単位で勝ったり負けたりするアップダウンの量が計算し尽くされ、コントロールされた結果として、そのギャンブルとルールが成り立っている。

そうやって、リピーターを増やし、長い目でみれば客側が負けるようになっているのだ。

横幅というのはその金額になるのに、どれぐらいの期間がかかるかということを示す。

つまり、その上下の動きにどれくらいの時間を要するのかということ。

1日単位ではどこまで落ちる可能性があるのか、2倍になるには何日かかるのか……、といったことを示す。

ギャンブルだけでなく、人生の運もマネジメントできる。

この場合、「縦幅を幸福度」と置き換える。

「この人と一緒にいたら」「この仕事をしたら」と、半年後・3年後・10年後など時間軸に沿って、幸福度を10点満点で予想する。そして、総得点でベストな選択をすればいい。

運の縦幅と横幅は勝負する前に把握すべきだ。

みんな「イチかバチか」であらゆる判断をしすぎる。どんな可能性が含まれているのかを、冷静に読んだうえで選択するといい。

これが僕の言う**「シチかバチかで勝負せよ」**ということ。


たとえプロでも、勝率10割ということは、ありえない。

勝率9割だったとしても、必ず負ける日がある。

たとえ、1日大負けする日があったとしても、運は全体を見ると平均化されるため、トータルで見れば必ず勝てる。

だから、**その日の変動に一喜一憂する必要はないのだ。**


ビジネスにしても、永遠に右肩上がりで進んでいくということはない。

飲食店だとすると、お客様が並んでくれる日もあれば、台風や大雪の日でまったく来てくれない日もある。

その日だけを見れば、光熱費や人件費などで数万円のマイナスかもしれない。

しかし、「1カ月営業すれば、このぐらいの利益が出る」と計算したうえで、その店を開いているはず。

だから、そこで「どうしよう……」と頭を抱えたり、「あれ？　これでいいのかな？」と迷ったりする必要はない。

天気が悪ければお客様が来ないのは当たり前、天気が良くてもお客様が来ない日だってあるだろう。

トータルで考えて、1カ月経ったときに、集客ができていればいい。

仮に1カ月経っても同じような状況であれば、そのとき初めて「どこがいけなかったのか」を考える必要性が出てくる。

そのまま2カ月目に突入すると、本当に大怪我をする可能性があるからだ。

Go on Your Winning Streak in Life

運にブレない自分をつくる

誰が言い出したのかはわからないが、**「運も実力のうち」という言葉がある。**

こんなものは、大間違いだ。

「運」と「実力」というのは、確実に別の要素として分けられるもの。

たとえば、人生で最悪の運を「死」、最高の運を「宝くじが当たって5億円を手にする」こととする。

そこで、宝くじを1枚買って当たった人は、実力があると言えるだろうか。

逆に、交通事故に巻き込まれて亡くなった人は、実力がなかったということなるのか。

亡くなった遺族に「運も実力のうちって言いますからね。ちょっと実力がなかったですね」なんて言う医者はいないだろう。

運は運、実力は実力だ。

両者は、水と油のようにくっきりと分かれている。

次に、**「運と実力と勝ちの関連性」**について解説する。

実力も運もそれぞれ0〜9までの値があるとする。

実力と運を合わせて10になれば、勝ちのラインに届く。

運は、さっきまでは9だったとしても、次の瞬間には0になることもあり、ランダムに出現する。

そういうものだ。

宝くじを買ったとしよう。

その場合、実力は1だ。

宝くじを当てるのに、実力なんて付けようがない。

ならば、9の運があれば当たるということになる。

運が0から8のときは、勝ちのラインに届かないので外れることになる。そして、運はいつ9になってくれるのかわからない。


さざ波のように寄せては返し、いつビッグウェーブが来るかわからない。

9が3回連続で来るかもしれないし、0が3回連続で来るかもしれない。

そういった**不確定要素の多い運に左右され、ブレてしまわないために、実力をつけておく必要があるのだ。**


自分の実力が9であれば、運は1あれば勝ちのラインにたどり着ける。

これであれば、ほぼ運に頼ることはない。

そこで、運がたまたま6だったり7だったりすれば、さらに大勝することができる。

僕は、勝率9割のとき、実力は9なので運が1以上あれば勝てるというイメージで勝負していた。

本当の実力があれば、「今日は運がいいか、悪いか」は、どうでもいいこと。

ただひたすら、カジノに行くだけ。

単純に勝負し続けることが大事だからだ。

だから、**実力をつけて運に左右されない自分をつくる、さらには運という概念をミニマム化していくことが重要だ。**


「神の領域」といわれる勝率9割でも、10日カジノに行けば、1日は必ず負ける日がある。

そのとき、「あぁ、負ける日がたまたま今日だったんだ」と思うだけで、「今日はなんで運が悪かったんだろう？　運気が下がってきたのかな？」などと、いちいち考えない。


冷静に敗因を考え、「明日は9割勝てる」という心づもりをしておく。

そうすれば、勝ち負けを運のせいにしなくて済む。

負けたときは、必ず敗因がある。

だから、「必ず、敗因がどこかにある」と想定して反省をするべきだ。

それをすぐに**「今日は運が悪かったから」と片付けてしまうと、そこで思考停止してしまう。**

向上しない人間が勝ち続けるのは不可能だ。

だからこそ、運を上げようとする思考や努力は、実益を伴わない無駄な労力となり、敗因になる。

実力を伸ばすことしか考えない。

これがプロの戦い方であり、勝負の鉄則だ。

おわりに

13年前、ブラックジャックというギャンブルを極めた。

勝負しているときに、僕が感じ続けた格言は「人生はギャンブルだ」。

冒頭でも述べたが、「人生」はギャンブルであると、僕は感じる。

今日という一日を賭け、なにが得られるか？　というギャンブル。

友達選び・会社選び・パートナー選びなど、選択し続けるギャンブル。

そして「ビジネス」もギャンブルだと感じている。

なぜなら、勝負に「絶対」はなく、どんなビジネスにも「絶対」はないからだ。

ギャンブル性を低く抑えつつも、みんなリスクをとって、リターンを得ることを目指す。

そして、流行りやアクシデントという「運」にも左右される。
ビジネスがギャンブルでない理由がみつからない。

ギャンブルというひとつの世界で「勝ち方」を極めてみると、ビジネスや人生の勝ち方もまた、リンクしていると学んだ。

勝負をして勝ち金を得ていくプロギャンブラーという仕事で、答えを求めて奮闘している人たちの役に立つことができたら……。

そう思い、勝負中に感じた「ビジネスの勝ち方」「人生の勝ち方」を整理してみようと考えた。

勝ち方をまとめる旅へ出る前、おばあちゃんの元へと報告しに行った。

「少し、これまでの自分のことをまとめるために、旅をしてきます」

そう伝えると、

「そんな気持ちでまとめても意味がない。本を出すつもりでまとめなさい」

こう言われた。

おばあちゃんの言う通りだ。

書き始めてから13年が経った。
ようやく、その本ができた。
昨年、「ついに出版できるよ」と報告をしに行った翌日、
おばあちゃんは天国へと召されてしまった。

とても悔しいけれど、本を見せることはできなかった。
だから、おばあちゃんへの想いも込めて、この本をあなたの人生に捧げる。

ギャンブルの世界で〝神の領域〟と言われる「勝率9割」。
神の領域にたどりつき、15年間、勝負の世界で勝ち続けた「選択の術」を、厳選した。

勝ち続けるためには「決断力・行動力・思考力・メンタル」を高め続け、そして、「運」を把握する必要がある。

その方法を、この本にまばゆいほど散りばめた。

ひとつだけ、どうしても、あなたにしてほしいことがある。

それは、**本書の中で重要だと感じたベストなひとつを、今選んでほしい。**

そして、**自分の中へ落とし込んでみてほしいのだ。**

そのたったひとつのベストに、日々集中する。

すると、時間は多少かかっても必ずモノにできる。

ひとつうまくいけば、本書で得たものは加速度的に身につき、あなたの勝率はみるみるうちに上がっていく。

そうすれば、人生はバラ色になり、ビジネスも右肩上がりになる。

あなたのビジネス、人生の勝率を上げてほしい。

僕の人生が1冊の洋書で大きく変わったように、あなたの人生も1冊の本で大きく変えることができる。

この本を選択した、あなたの勝率が9割になる日が楽しみでたまらない。

選んでくれて、ありがとうございます。

2014年8月　プロギャンブラーのぶき

プロギャンブラーのぶき

1971年、東京生まれ。

大学在学中からアルバイトを掛け持ちし、25歳のときに起業資金1000万円をつくる。「“休みたくない”と思えることを仕事にする」という発想から「世界を旅するギャンブラー」のプロを志し、計800冊の専門洋書から独学でギャンブルを学ぶ。

27歳のときに訪れた米ニューオリンズ近郊のカジノで、初めて出入り禁止を言い渡される。これが、プロである証となる。その後、全米のカジノを周遊し、「勝ち続けては出入り禁止になる」を繰り返す。ブラックジャックでプレイできるカジノがなくなり、次にポーカープロへ転身。同時に日本の家も全て引き払い、バックパックひとつで世界中を旅しながらギャンブルで食べていく生活を開始。

38歳で33日間の連勝をする。

39歳でギャンブルの世界では「神の領域と呼ばれる“年間勝率9割”」を達成。最終的に、ブラックジャックをトッププロのレベルまで、ポーカー2種をプロのレベルにまで極める。

東日本大震災が起きた際は、ラスベガスでギャンブラーからの義援金集めを行う。そして、ボランティア活動をするため一時帰国をする。

現在は、ビジネスマンや若者に向けて、プロギャンブラーとして勝ち続けてきた中で培った考え方や行動力、生き様、そして、5大陸82か国を旅してきた経験を、「ビジネスの勝ち方」「人生の勝ち方」「夢を仕事にする方法」「世界視野のつくりかた」などとして伝えており、企業や大学、民間団体などからの講演依頼が引きも切らない。

●プロギャンブラーNOBUKI　オフィシャルブログ
http://blogs.yahoo.co.jp/nobukiaa/

● Facebook
「プロギャンブラ　のぶき」で検索
https://www.facebook.com/nobuki.progambler/

※講演依頼などのお問い合わせは下記メールアドレスまで
nobukiaa@yahoo.co.jp

勝率9割の選択

運に振りまわされず最善を選び、行動する方法

2014年9月3日　初版発行
2014年10月10日　2版発行

著者　プロギャンブラーのぶき

装丁　鈴木 大輔・江﨑 輝海（ソウルデザイン）
本文デザイン　土屋 和泉
組版　横内 俊彦
編集協力　小島 知之
写真撮影　南雲 碧
『人生必勝法』制作協力　加藤 良平・片山 崇

発行者　野村 直克

発行所　総合法令出版株式会社
〒103-0001
東京都中央区日本橋小伝馬町15-18
常和小伝馬町ビル9階
電話　03-5623-5121

印刷・製本　中央精版印刷株式会社

　ISBN978-4-86280-417-4
落丁・乱丁本はお取替えいたします。
総合法令出版ホームページ　http://www.horei.com/